ESQUISSE DE RÉFORME

DE LA

LÉGISLATION DES ÉTRANGERS

PARTICULIÈREMENT

DANS LES RAPPORTS FRANCO-ALLEMANDS

INDIVIDUS ET SOCIÉTÉS

PAR

E. THALLER

PROFESSEUR A LA FACULTÉ DE DROIT DE PARIS
MEMBRE ASSOCIÉ DE L'INSTITUT DE DROIT INTERNATIONAL

Prix : 3 francs

PARIS

LIBRAIRIE ARTHUR ROUSSEAU

ROUSSEAU ET Cie, ÉDITEURS

14, RUE SOUFFLOT ET RUE TOULLIER, 13

—

1917

ESQUISSE DE RÉFORME

DE LA

LÉGISLATION DES ÉTRANGERS

PARTICULIÈREMENT

DANS LES RAPPORTS FRANCO-ALLEMANDS

INDIVIDUS ET SOCIÉTÉS

Extrait de la Revue Politique et Parlementaire.

(*Septembre et Octobre 1917*)

ESQUISSE DE RÉFORME

DE LA

LÉGISLATION DES ÉTRANGERS

PARTICULIÈREMENT

DANS LES RAPPORTS FRANCO-ALLEMANDS

INDIVIDUS ET SOCIÉTÉS

PAR

E. THALLER

PROFESSEUR A LA FACULTÉ DE DROIT DE PARIS
MEMBRE ASSOCIÉ DE L'INSTITUT DE DROIT INTERNATIONAL

Prix : 3 francs

PARIS

LIBRAIRIE ARTHUR ROUSSEAU

ROUSSEAU ET Cie, ÉDITEURS

14, RUE SOUFFLOT ET RUE TOULLIER, 13

1917

ESQUISSE DE RÉFORME
DE LA LÉGISLATION DES ÉTRANGERS

INTRODUCTION

Cette guerre sans précédent dans l'histoire se complique, à
mesure qu'elle poursuit sa marche, de l'intervention de facteurs
nouveaux, quelques-uns inattendus. Elle aura remué dans leurs
fondations les plus profondes tous les peuples qui y ont pris part,
et même ceux qui auront conservé la neutralité. Du traité de paix
qui en déterminera la fin sortira une Europe entièrement renou-
velée : les relations qui s'échangeront désormais entre les Etats
engagés aujourd'hui dans la lutte, ainsi qu'entre les citoyens de
ces Etats, reposeront certainement sur des bases bien différentes
de celles qui avaient été acceptées jusqu'ici.

Quoi qu'on fasse, et si désireux que l'on soit de voir les conventions finales exercer une action d'apaisement durable, il se
maintiendra en Europe, ou plus exactement dans le monde entier,
deux groupements de masses humaines représentant deux principes de civilisation opposés l'un à l'autre.

Les nations qui auront lié partie pour défendre la cause de la
liberté et de la justice se sentiront plus rapprochées, plus disposées à combiner leurs intérêts communs qu'elles ne le faisaient
autrefois ; elles poursuivront dans les œuvres de paix l'entente
qui pendant plusieurs années ont fait d'elles des puissances
alliées dans une lutte généreuse. Le besoin de réparer tant de
ruines accumulées, de refaire tant de richesses détruites, au
moyen d'une expansion économique de plus en plus intense, con-
tribuera à dicter les conditions de cette collaboration : il en sera
même la raison principale pour les nations à l'esprit positif et
pratique. Des Etats auxquels une prudence plus ou moins bien
comprise a recommandé la neutralité, mais qui ont suivi avec
sympathie la cause servie par ces nations dont les fils ont versé

leur sang pour protéger l'honneur et le droit, entreront dans le concert et communiqueront à l'ensemble du groupe une force encore plus grande.

En face de ce noyau puissant, que l'on désigne déjà du nom de « société des nations », sans prétendre présager par là la constitution d'une véritable confédération des Etats, tout au moins à une échéance prochaine, continuera à se dresser le bloc des puissances adverses : ces dernières sortiront, nous l'espérons bien, de ce choc effroyable, singulièrement amoindries, sans qu'on puisse espérer d'elles avant longtemps qu'elles renoncent à ce culte de la force par lequel elles ont prétendu étendre leur domination sur l'univers. L'état d'opposition et de défiance qui, malgré la fin des hostilités, laissera les communautés humaines réparties en deux grandes expressions ethniques, se maintiendra, selon toute apparence, pendant une série de générations dont il est impossible de prophétiser la durée. Dès à présent, et quel que doive être le point d'aboutissement de la victoire que les alliés remporteront sur les Impériaux, on doit tabler sur ce dualisme futur comme sur une certitude.

Il résultera de là, tant dans la conclusion des conventions de puissance à puissance que dans la révision intérieure des lois gouvernant chacun de ces peuples, leurs nationaux ainsi que les étrangers, des changements sensibles. Le droit international tant public que privé va recevoir de sérieuses transformations.

On songe au droit public tout d'abord : on se demande par exemple ce qu'il adviendra des fameuses conventions de La Haye, issues des réunions qui se qualifiaient « conférences de la paix », et qui ont été si indignement mises à mal par les atrocités de guerre relevées au jour le jour, sur terre et sur mer, contre les forces militaires des Impériaux. C'est un point de vue très important sans doute, mais sur lequel on n'insistera pas dans la suite de cet article.

Le droit international privé n'aura pas subi, du fait de la guerre et de ses résultats, une moindre secousse. Dans chaque Etat il va falloir reprendre l'étude législative de la condition à faire aux étrangers, individus ou sociétés. En France notamment, la revision du régime qui a été jusqu'à présent en vigueur s'imposera avec une certaine urgence. Il s'imposera tant à cause de la confiance plus grande que s'inspireront mutuellement les Etats amis, que par raison non pas à proprement parler de haine, mais plutôt de défiance et de précautions à prendre vis-à-vis de l'intrusion des autres. Nous avons été à deux doigts de notre perte. Nous l'avons échappée belle, pour avoir porté jusqu'à la duperie l'hospitalité nationale vis-à-vis des individus et des sociétés qui ressortissaient à des Etats de proie. Il faut espérer que la leçon nous servira ; mais nous n'en aurons la preuve que lorsque notre législation des étrangers sera refondue dans un sens de prévoyance.

Il serait prématuré d'entreprendre ce travail, soit dans les sphères parlementaires, soit dans les négociations de notre diplomatie, aussi longtemps que retentira le canon. L'impartialité et la sérénité des esprits manquent lorsque les armées sont encore aux prises. On risque de dépasser la mesure ou d'un côté ou de l'autre, et d'ailleurs il y a des besognes plus immédiates et plus pressantes.

Cependant surseoir à l'examen de ces questions serait un acte impolitique : on peut et l'on doit dès à présent en entreprendre pour ainsi dire l'instruction. Après la signature de la paix, il serait trop tard. Nous aurions été devancés par l'ennemi qui, lui, ne renvoie pas à demain la préparation de ses forces commerciales pour le jour où les marchés se rouvriront. Ce qui s'élabore à Berlin et à Vienne pour l'organisation de la *Mittel Europa* nous oblige, dans le camp adverse, à user de la même vigilance. Après tout, la Conférence économique interalliée, qui n'a tenu il est vrai que de rares séances jusqu'ici, et sur les discussions de laquelle le public manque d'informations précises, témoigne de la préoccupation de nos amis et de nous-mêmes de jeter dès à présent les bases du statut international qui nous régira après la guerre.

Le remaniement de la législation applicable aux étrangers est l'une de ces questions qui apparaissent au premier plan. C'est un thème extrêmement large. Pour le malheur de notre époque, les hommes d'Etat n'ont plus le cerveau formé pour reviser d'un seul trait de temps une institution dans son ensemble, lorsque cette institution suppose des connaissances juridiques s'enchaînant les unes les autres et s'harmonisant dans un travail de synthèse. La besogne est ardue, ingrate, de nature technique, peu à la portée de ceux qui voient surtout matière à politique dans l'exercice de leurs fonctions parlementaires.

On préfère ne prendre la question que par un côté, puis par un autre. On procède par morcellement, et à suivre cette méthode, ou plutôt cette absence de méthode, on risque de faire des lois en discordance les unes par rapport aux autres. C'est ainsi, dans un ordre d'idées différent, que, au lieu de reviser notre Code civil, comme était chargée de le faire une grande commission extraparlementaire créée par le Ministre de la Justice il y a treize ans, en

1904, à l'époque du centenaire, on continue à rapiécer ce Code morceau par morceau au petit bonheur, ce qui travestit notre vieux texte de l'œuvre napoléonienne en un habit d'arlequin.

Je dois, pour être juste, tenir hors de ma critique la Chambre de Commerce de Paris qui, malgré le foisonnement de propositions peu homogènes dont il va être reparlé, a compris que la condition générale des étrangers en France était remise en question dans toutes ses parties. Elle a essayé de façonner l'ébauche d'une organisation d'ensemble, en un programme qui contient notamment les *desiderata* suivants :

Faculté pour l'administration de refuser les permis de séjour, — restrictions graves à l'octroi de la naturalisation, — interdiction pour les étrangers d'acquérir sans autorisation des immeubles situés en certaines zones, — privation pour eux du pouvoir d'exercer certaines industries à moins d'un arrêté préfectoral, — incapacité pour les étrangers d'être engagés comme employés si l'emploi fait d'eux des mandataires, — obligation pour les sociétés d'avoir le quart au moins de leur capital souscrit par les Français, avec une estampille sur les actions qui dépendraient de ce quart, — communication au public d'un livre tenu à chaque tribunal de commerce et mentionnant les sociétés étrangères, — nécessité pour les trois quarts des administrateurs d'être Français, — interdiction de l'emploi du qualificatif « française » à toute société formée d'étrangers ou avec étrangers, etc., etc....

Evidemment, entre toutes ces motions touchant à des objets si divers, il faudrait de l'harmonie, de la coordination. C'est quelque chose déjà que d'avoir pris le sujet de haut, et à cet égard la motion que M. Jouanny, rapporteur, a fait approuver par la Chambre de commerce de Paris le 5 juillet 1910 (*Bulletin de la Chambre* 1910, 15 juillet), mérite un accueil sympathique.

Je persiste à penser que ce n'est pas en levant un coin du voile qui recouvre le droit général des étrangers ou le droit général des sociétés étrangères en France, que l'on s'acheminera vers un résultat efficace. Ce n'est pas davantage en cherchant un nouveau signe distinctif de la nationalité des sociétés anonymes françaises, si l'on doit détacher cette étude du problème d'ensemble de la condition respective des Français et des étrangers, que l'on garantira dans l'avenir la France contre le péril si grave de l'immixtion de certaines races dans nos affaires de l'intérieur, péril où elle

— 5 —

vient de jouer ou de risquer son indépendance, sa vie. Le problème de l'après-guerre pour un pays comme le nôtre, même
après les succès qu'il aura obtenus et le prodige de vitalité dont il
a fait preuve, reste très inquiétant. Il ne cesserait de l'être que si
nos ennemis étaient mis dans l'impossibilité de renouveler les intri-
gues et les manœuvres qui ont failli mettre notre puissance entre
leurs mains. Il dépend en grande partie de nous-mêmes de nous
couvrir contre un tel danger. Mais c'est à la condition de ne plus
nous en rapporter à la chance et de nous donner une armature
juridique solide contre l'empiètement des étrangers, de certains
étrangers tout au moins, sur notre autonomie nationale.

Pour le moment, la question est amorcée dans les propositions
parlementaires et dans les articles de revues, par l'un de ses bouts
seulement. On se demande s'il convient ou non de conserver le
critérium auquel, d'après la jurisprudence et d'après une partie
de la doctrine, on distinguait une société anonyme française des
sociétés étrangères.

Ce côté de la question internationale avait déjà donné lieu à
une proposition d'initiative parlementaire, déposée à la Chambre des Députés dans la législature qui a précédé les élec-
tions de mai 1914. Le problème s'est déclenché législativement
dans des conditions assez singulières. Depuis dix ans se succé-
daient, en matière de denrées et produits agricoles, des lois frappant d'amende les falsifications dans la nature ou dans la déclaration de provenance des marchandises. L'usurpation de la quali-
fication de Français par une maison étrangère, notamment par
une société, a paru devoir être frappée de la même manière, puis
cette même usurpation dans une marque faisant croire que la maison était française. Le délit était encouru, d'après les premières
propositions, par les sociétés se disant françaises sans avoir un
personnel d'administration français. Plus tard, des propositions
frappèrent tout étranger de l'incapacité de gérer une maison française. D'autres motions, déposées celles-ci en pleine guerre, frappèrent d'une taxe les permis de séjour, soumirent les étrangers à
une carte d'identité, à des déclarations réitérées à la police, limi-
tèrent le recrutement de la main-d'œuvre étrangère, etc., etc. (1).

Une campagne de presse s'était ouverte, celle de l'*Action française*. Elle dénonçait les agissements que commettaient chez nous
des compagnies par actions se disant, à la faveur de leur forme
anonyme et de l'établissement de leur siège en France, compagnies

(1) **Prop. Denais,** 12 mars; de Prat. 26 août; Denais, 16 sept.; En-
gerand, 25 oct.; Pugliesi-Conti, 11 nov.; Landry, 28 déc. 1915.

françaises, libres par conséquent de leurs opérations, alors que des personnalités étrangères, que des personnalités allemandes présidaient en réalité à leur fonctionnement. Et ces influences étrangères s'exerçaient, disait-on, suivant un plan préconçu qui devait mettre notre industrie à leur discrétion. On parlait même de la prise de possession sur notre territoire, par la progression mystérieuse de ces sociétés, de certains points destinés à jouer éventuellement un rôle stratégique, ce rôle se dissimulant sous des apparences d'intérêt économique et commercial.

L'accusation était grave, beaucoup de personnes s'étaient montrées sceptiques. Le monde des juristes continuait à s'attacher imperturbablement à une règle qui dominait dans notre jurisprudence : l'entreprise qui a son siège social en France, et qui règle ses statuts conformément au droit français, a le droit de s'intituler française, de quelque nationalité que dépendent le personnel de ses membres et même celui de ses administrateurs ; elle ne peut créer aucune menace sérieuse à notre sécurité. La seule condition requise pour la reconnaissance de sa validité, c'est que ce siège français fût réel et non fictif. Par un singulier renversement des préoccupations des hommes de lois, ce n'est pas sur les sociétés françaises, ou prétendues telles, que se portaient les suspicions des spécialistes. On s'attaquait de préférence aux sociétés qui se qualifiaient belges, anglaises, etc., afin de se constituer suivant le statut juridique des compagnies de ces autres pays, statut plus accommodant que le nôtre, et qui se donnaient en apparence leur siège à Londres ou à Bruxelles, alors que c'est en France que devait s'exercer leur activité. On les annulait comme étant des sociétés françaises déguisées qui s'étaient fondées au mépris de notre loi de 1867. Là n'intervenaient plus les considérations de sécurité nationale, mais des raisons d'ordre technique inspirées par un besoin de sincérité pour le crédit.

La guerre avait à peine éclaté que l'on dut se rendre à l'évidence des faits : les Jérémies de la veille avaient été malheureusement des prophètes à claire vision. La rupture des relations commerciales fut la conséquence de la guerre entre citoyens des États belligérants. Cette rupture allait jusqu'à interdire dans les rapports réciproques de ceux, individus ou sociétés, qui ressortissaient à ces États, toute convention nouvelle, à suspendre l'exécution de toute convention ancienne.

Cela encore causa une certaine déception à un certain nombre de personnes versées dans l'étude du droit des gens. Nos illusions de pacifisme et de progrès nous avaient fait espérer que la vieille règle de la défense de faire commerce aux citoyens des Etats en guerre était tombée en désuétude : on se ralliait à la thèse de Rousseau soutenant que la guerre existe entre les Etats, mais non pas entre les hommes qui dépendent de ces Etats. Une année venait à peine de s'écouler depuis la session, que le Comité maritime international avait tenue à Copenhague, et cette session avait décidé que les assurances maritimes en cours au moment de la déclaration d'une guerre entre les deux Etats dont dépendaient les parties contractantes, continueraient à produire leurs effets dans la phase des hostilités (1). Le Comité inclinait même à penser, si théorique que fût cette éventualité, que la guerre ne mettrait pas obstacle à la conclusion de polices d'assurances nouvelles.

Les Anglais n'auraient pas cependant laissé passer cette conception comme texte de loi. Leur gouvernement, en août 1914, fut le premier à prendre un rescrit pour interdire le commerce tant que durerait la guerre entre sujets britanniques et allemands. Nous l'avons suivi. Les autres Etats alliés ont fait de même. L'exercice du commerce serait un moyen pour les sujets de la nation ennemie de se créer chez nous des éléments de richesse dont ils ne manqueraient pas de faire profiter leur gouvernement.

*
* *

Cet exposé rétrospectif a eu pour but de montrer comment le problème de la nationalité des sociétés par actions a subitement pris un caractère, tragique d'ailleurs, d'actualité.

Le décret du 27 septembre 1914, qu'a pris notre gouvernement par suite des pouvoirs que les lois du 5 août lui avaient conférés, appelait un important corollaire. De nombreuses maisons allemandes existaient dans nos villes : elles auraient poursuivi leurs affaires si l'on s'en était tenu à la disposition du décret, qu'aucune sanction pénale ne pouvait encore garantir, faute d'une loi votée par les Chambres. Beaucoup de ces maisons s'intitulaient sociétés françaises, elles obéissaient cependant à une impulsion de nature germanique. C'est alors qu'on imagina la pratique des « séquestres » en conformité de circulaires du garde des sceaux en date des 8 et 13 octobre 1914.

Par suite d'instructions parties du Ministère de la Justice, ces

(1) Séance du 17 mai 1913 (*Bulletin*, n° 39, du *Comité Maritime international*, Anvers 1913, p. 763 et s.), M. Koch, président, a résumé les débats, en disant « que les assureurs anglais avaient déclaré, par l'organe de l'institution d'assurance la plus vaste du monde, que, nonobstant les dispositions contraires de la loi anglaise, ils paieraient, en temps de guerre, l'ennemi comme l'ami, et que cette solution a été préconisée par tous les orateurs. »

maisons furent assignées en référé à la requête du parquet devant le président du tribunal civil, à l'effet d'être pourvues d'un séquestre. Elles se retranchèrent derrière leur nationalité qu'elles prétendaient française. L'expérience, le tact judiciaire du magistrat des référés furent soumis à une dure épreuve lorsqu'il s'agit de discerner le signe auquel cette nationalité se reconnaîtrait.

Le signe traditionnel, emprunté au lieu du siège social, ne pouvait plus suffire, on s'en aperçut vite. Une décision, prononcée par le président du Tribunal du Hâvre le 20 octobre, et qui parut émerger de l'ensemble des ordonnances plus ou moins claires ou contradictoires qui furent rendues dans les différents ressorts, préféra s'attacher à la provenance du capital investi dans les sociétés assignées devant sa juridiction. Ce capital étant de provenance étrangère, il importait peu que la compagnie eût son siège en France : elle appartenait à cet ensemble d'entreprises qui, par la continuation de leurs affaires, menaçaient notre sécurité nationale; elle était allemande, il fallait la pourvoir d'un séquestre. Une circulaire de la Chancellerie en date du 8 octobre recommanda aux présidents de nos divers tribunaux de s'inspirer des idées qui avaient motivé cette décision et de s'attacher dorénavant au signe distinctif que donnait l'origine, tantôt française, tantôt allemande, du capital social.

Tel a été le point de départ des travaux, rapports, monographies ou propositions de lois qui, depuis trois ans, ont paru sur le sujet. En d'autres termes, on s'est cantonné dans l'étude du *criterium juridique* par lequel une société française doit se distinguer d'une société étrangère. Il n'est pas dans mon intention de faire l'analyse de ces travaux; quelques-uns d'entre eux sont encore en cours d'examen. La *Société d'Etudes législatives*, à propos des remaniements auxquels il convient de soumettre la loi de 1867, se demande s'il est opportun ou non d'exiger la nationalité soit de la part des actionnaires, soit tout au moins de la part des membres du Conseil d'administration ou de la direction. M. Lyon-Caen a pris parti dans plusieurs dissertations qu'il a soumises à la *Société de Législation comparée*(1), ou insérées dans le *Journal de Clunet* (2).

(1) Plusieurs séances de cette Société, celles des 12, 29 janvier, 26 mars 1917 (*Bulletin*, janvier à juin, numéros 1 à 6) ont été consacrées à cette discussion, à laquelle ont pris part un député, M. Landry, des professeurs, MM. Larnaude et Pillet, et plusieurs membres de la Chambre de commerce de Paris, M. Legouez ainsi que M. Jouanny, ce dernier rapporteur des questions concernant le sujet auprès de la dite Chambre (voir ci-dessus).

(2) *Des conditions à exiger pour que les sociétés soient françaises,*

Suivant l'avis de mon éminent collègue, dont je ne puis développer ici toutes les précisions, requérir le titre de Français des administrateurs d'une société anonyme pour que cette société puisse invoquer le droit français et la liberté d'agir en conformité de la loi de 1867, est une mesure sage, qui s'impose au législateur dans les nouveaux plans de réforme imposés par les graves événements dont le monde presque tout entier a été et sera le théâtre. Cette condition paraît devoir se poser surtout pour les compagnies concessionnaires de l'Etat ou appartenant au monde de ses fournisseurs. Quant aux autres, il suffira que le Conseil d'administration se compose en majorité de Français. L'auteur de la proposition, pour des motifs qu'il m'est impossible de, rappeler à cette place et sur lesquels je reviendrai sans les partager, estime que la qualité de Français ne peut pas être requise chez les membres même de la société, chez les actionnaires.

Il me tarde de passer sur les préliminaires du sujet. Je répète que le vice de ce mode de discussion, toute valeur de système mise à part, est de localiser un problème qui a une portée beaucoup plus vaste. On nous donne bien à entendre que, si la société est française, elle aura la plénitude de sa capacité, pourvu, bien entendu, que le droit français soit respecté dans sa constitution ainsi que dans son fonctionnement. Mais on s'abstient en revanche de nous indiquer, au cas où la société devrait être reconnue étrangère, allemande par exemple, quel serait son régime juridique dans une législation remaniée sous l'empire des nécessités nouvelles.

Il n'est pas de bonne politique de dissocier l'examen de la condition des sociétés françaises, de celle des sociétés étrangères. Voici une Compagnie de commerce ou d'industrie à laquelle manque ostensiblement la condition voulue pour qu'elle puisse se dire française ; que cette condition consiste dans la fixation du siège social en France ainsi que l'a pensé jusqu'à présent la jurisprudence, ou bien qu'on la fasse dorénavant résider dans la provenance française de son capital, de la nationalité française de ses administrateurs. Cette Compagnie va donc être traitée comme étrangère, comme allemande par exemple. La belle avance vraiment,

<hr>

J. Clun. 1917. 45e année, pages 5 à 24; — Cfr. encore Landry, *De la nationalité des sociétés*, dans la *Revue Politique et Parlementaire*, 10 novembre 1916; Pic, même titre dans le *J. Clun.* 1917; Barrault, *De l'influence de la présence d'Austro-Allemands dans les sociétés*, Extrait de la *Revue de Droit International privé*, 1916.

si le régime légal ayant, par ailleurs, cours chez nous, admet cette Compagnie étrangère à traiter des opérations sur notre territoire, à y monter des usines ou des maisons, à y ester en justice ! Tout ces actes, elle les accomplira peut-être avec une moindre largeur d'attribution, que ne le ferait une société française. En outre, elle n'aura point pris un déguisement pour capter la clientèle française : supercherie à laquelle les sociétés françaises en apparence, mais étrangères au fond, sont souvent redevables de leurs succès. Néanmoins ces Compagnies qui sont étrangères et ne se sont pas cachées de l'être, se sont introduites chez nous, et par une progression graduelle d'influences, par des infiltrations successives, ont propagé en pays français une action économiquement, politiquement menaçante, si c'est de l'étranger que part l'impulsion qui leur est donnée.

Pour ne parler que des sociétés allemandes, aussi longtemps que durera la guerre, nous savons qu'elles sont frappées d'une interdiction d'exercer leurs opérations, qu'elles sont pourvues de séquestres, puisque tel est le régime légal résultant de l'état de belligérant. Mais, une fois la paix signée, qu'adviendra-t-il de ces établissements, de tous ceux qui voudraint se constituer et agir à leur exemple dans la suite des temps ?

J'essaie de m'engager le moins profondément possible dans la tchnique d'un sujet qui passe pour aride. Je ne puis cependant pas me dispenser de constater que, si la France doit conserver après la clôture des hostilités le système international, assez compliqué du reste, qu'un droit remontant à la date du 30 mai 1857 applique aux sociétés anonymes étrangères, l'accès de notre territoire restera ouvert aux compagnies originaires de presque tous les États présentant quelque importance (1).

Des décrets généraux ont été rendus par le gouvernement français dans ces cinquante dernières années, pour déclarer aptes à fonctionner et à ester en justice en France les sociétés de tel pays, puis de tel autre, puis d'un troisième État, et ainsi de suite ; si bien qu'on a pu constater que, y compris le Danemark qui par un décret du 16 mai 1914 clôture la série (*Off.* du 17), les sociétés anonymes de presque tous les États de l'Europe sont capables d'opérer chez nous au titre étranger, titre qui d'ailleurs ne les classe pas

---

(1) Certains États poussent encore le libéralisme, un libéralisme de dupe, plus loin que nous. Les lois italienne, belge, reconnaissent les sociétés par actions étrangères, de plein droit, à la faveur de leur statut personnel. Régulièrement constituées à la teneur de la législation de leur pays, elles sont aptes à opérer en Italie, en Belgique, sauf les mesures de publicité à prendre en cas d'ouverture de succursales.

à un degré sensiblement inférieur à celui qu'elles occuperaient si elles étaient françaises (Le tableau en est donné dans Clunet, 1911, page 507).

On me dira que l'habilitation des sociétés anonymes de plusieurs de ces États leur a été reconnue non point par des décrets du gouvernement, mais par des conventions internationales : Convention de 1862 pour les sociétés britanniques, traité de Francfort de 1871 pour les sociétés allemandes, convention franco-japonaise du 19 août 1915, art. 4, à charge de réciprocité bien entendu (1).

Or, le traité de Francfort est dénoncé par le fait de la guerre. Il ne revivra plus. Nous avons recouvré notre liberté vis-à-vis des sociétés anonymes allemandes ; et c'est pousser la naïveté trop loin que d'imputer à nos futurs gouvernants la pensée de gratifier l'Allemagne d'un décret général d'habilitation de ses sociétés, analogue à ceux que nous avons délivrés à l'Italie, à la Hollande, aux États-Unis et en dernier lieu à la Roumanie.

Soit ; tout de même, je n'ai aucune confiance dans un régime qui met aux mains du chef de l'État le pouvoir tout à fait exorbitant d'ouvrir notre marché national, avec faculté d'établissement, aux sociétés de certains États, de le tenir fermé aux sociétés de certains autres. Toute cette organisation doit être refondue, depuis qu'on s'est aperçu que les entreprises de certains pays abusent de l'hospitalité que leur offre la France, et font de leurs maisons françaises des postes d'éclaireurs préparant l'entrée sur notre territoire d'un effectif étranger beaucoup plus compact et autrement outillé, quand une guerre éclatera.

Isoler l'étude des sociétés étrangères en France de celle des sociétés françaises empreintes d'un élément étranger que l'on juge secondaire et inopérant, n'est pas, je le répète, la méthode qu'il

(1) Encore, pour ce qui concerne le traité de Francfort, et pour d'autres traités d'établissement que relève M. Valéry, dans son *Manuel de Droit International privé*, n° 340, p. 437, note 2, notre jurisprudence a-t-elle fait découler le droit des sociétés allemandes à opérer, à ester en justice en France, de la *clause de la nation la plus favorisée*: et cette clause, ne visant que les « sujets » ou « ressortissants », plus d'une personne en a conclu que les « sociétés » n'étaient point aptes à en profiter. L'arrêt de notre Cour de Cassation du 14 mai 1895 a soulevé des protestations (Voir note Lyon-Caen dans Sirey, 96.1.161). — D'une manière générale, il serait bien curieux de voir comment s'y est prise l'Allemagne pour éluder l'application de cette clause, même à ses tarifs de douane envers nous, ou à d'autres questions encore. Par des raisons qu'il serait trop long de rappeler, l'Allemagne ne nous a jamais payés depuis 1871 de cette réciprocité diplomatique que nous lui avons concédée nous, jusqu'à en être dupes.

faut adopter pour limiter le cercle des entreprises qui pourront
à l'avenir opérer chez nous. Déterminer le signe caractéristique de
la société française, n'est pas suffisant. Mais j'irai plus loin
encore dans le sens des réformes qui s'imposent aujourd'hui.

*
* *

Le moment est venu, ou le moment approche, de remettre sur
le chantier l'étude complète et générale de la législation des étrangers, même individus. Nous ne pourrons plus longtemps nous
refuser à admettre ce qui, depuis les nouvelles suspicions provo-
quées par les menées des entreprises allemandes, est devenu clair
comme la lumière du jour, que la législation des individus et
celle des sociétés par actions ou autres sont devenus connexes,
et que tel sera le statut appliqué aux individus, tel ce statut, par
une répercussion inévitable, réagira sur celui des sociétés. Jusqu'ici ces deux domaines législatifs ou internationaux (condition
des étrangers individus, condition des sociétés anonymes étrangères) sont demeurées séparées par une cloison étanche, véritable
muraille de Chine.

A l'Ecole, ce ne sont pas les mêmes maîtres que les seconds
qui s'occupaient du premier sujet et de l'autre. On aboutissait à
des solutions opposées, en plaçant ou peu s'en faut, dans l'ordre
des droits civils et commerciaux, les étrangers sur le même pied
que les Français, tandis que pour les sociétés on partait de l'idée
théorique qu'elles sont frappées d'incapacité en France, à moins
d'un décret ou d'un traité qui les reconnaisse en bloc, Etat par
Etat, aptes à contracter et à plaider chez nous (1).

Qu'une telle opposition de régime, qu'un tel contraste d'ordre
légal ait pu persévérer pendant plusieurs générations, il n'y a
pas lieu d'en être surpris. Et, s'il ne s'était pas produit du fait des
entreprises allemandes, l'action en sourdine, cherchant à dissoudre
les forces nationales des pays ou elles s'implantaient au profit du
pangermanisme, il n'y aurait pas de motif de changer cet état de
législation, ni d'apporter entre le régime des sociétés et des individus plus d'harmonie.

L'individu est un être physiquement vivant, organiquement constitué de la même manière sous tous les climats, en dépit des différences ethniques. La philosophie des droits de l'homme, réagis-

(1) **Décrets** et traités, je viens de l'observer, qui ont fini par englober
en fait pour ainsi dire tous les Etats civilisés du monde et toutes les
Compagnies par actions de ces Etats.

sant contre la haine primitive, contre la défiance ultérieure témoignée à l'étranger, a fini par faire de lui presque l'égal d'un Français.

Pour une société par actions, pour une société anonyme particulièrement, la situation se présente sous un tout autre jour. La société anonyme est une création artificielle, arbitraire de la loi ; un groupe de capitaux est investi de la personnalité morale, à ce groupe se limite la responsabilité des engagements sociaux ; au-delà, aucun patrimoine individuel ne gage les obligations contractées ; le passif risque de demeurer impayé. Ce capital est-il réel et solide ? les administrateurs ne sont-ils pas de purs aventuriers exploitant la crédulité publique ? Il faut que l'autorité s'en assure. Si l'on se place à l'année 1857, dans toute l'Europe continentale c'est au gouvernement de chaque État qu'était respectivement confiée cette mission de contrôle. La reconnaissance d'une société anonyme est affaire de police, question d'ordre public. Or l'œuvre de police d'un gouvernement se circonscrit aux limites du territoire sur lequel s'exerce son autorité. Notre gouvernement à nous ne peut pas déléguer à d'autres le soin de rechercher si une entreprise venue du dehors menace ou non la sécurité nationale. Ce serait de sa part se dessaisir de son haut pouvoir de contrôle. Une société anonyme étrangère se réclamerait en vain de l'autorisation que son propre gouvernement lui a donnée, aussi longtemps que notre gouvernement à nous ne l'aurait pas à son tour autorisée.

Telles étaient les idées dominantes en 1857.

Depuis ce temps-là, le régime des sociétés anonymes a changé un peu partout. A la suite de l'Angleterre, nous avons en France affranchi les sociétés de l'autorisation gouvernementale par notre loi du 24 juillet 1867, et cet exemple a été suivi par un nombre considérable d'États, par l'Allemagne notamment à la veille de la guerre de 1870. Mais au régime de l'autorisation en général en a été substitué un autre, animé du même esprit de police préventive, laissant à la société anonyme son caractère d'institution sinon artificielle, du moins pourvue d'une vie nationale assez arbitraire, circonscrite à l'État d'origine.

Le système désigné du nom de « système réglementaire » élève les actionnaires, délibérant pour déclarer la société constituée, à ce pouvoir de police qu'exerçait autrefois le gouvernement.

Donc, en toute rigueur, la vie juridique d'une société ne devrait pas dépasser ses frontières. Cela eût rendu le commerce international impraticable. On chercha une transaction, un moyen terme, et de là est sorti le régime sous lequel les sociétés anonymes étrangères sont placées en France. Notre gouvernement se demandera si le contrôle, exercé à l'étranger sur la société qui vient de se mettre en marche, présente pour nous des garanties à peu près équivalentes aux mesures de contrôle que nous pratiquons sur nos sociétés à nous. En cas d'affirmative, les sociétés de cet État étranger recevront, par une décision administrative de notre gouvernement, englobant toutes les entreprises du même pays, plein pouvoir d'exercer et d'ester en justice, au titre étranger, sur notre terrioire.

Avant 1867, le problème consistait à rechercher si l'autorisation administrative étrangère était délivrée avec la même prudence, avec la même circonspection dont userait notre gouvernement en présence d'une requête émanée des fondateurs d'une société française. Aujourd'hui, les bureaux du Ministère du Commerce saisi de la demande que fait le gouvernement étranger de voir ses sociétés habilitées à fonctionner en France, procèdent ou sont censés procéder à une comparaison de la loi étrangère des sociétés et de la nôtre, quant aux garanties respectives qu'elles donnent l'une et l'autre. Cela dit, pour qui raisonne en pure doctrine, *in abstracto*. Car ce rapprochement, en fait, ne peut donner de résultat péremptoire ; toute autorité s'imagine que la loi de son pays est supérieure en valeur à la loi des autres. La question ne comporte pas une solution précise, une solution d'ensemble. La loi anglaise des sociétés anonymes, qui passait autrefois pour être animée d'un libéralisme excessif, avec le droit qu'ont les promoteurs de ne pas faire souscrire la totalité du capital et de limiter les premiers versements à un taux très faible, peut passer aujourd'hui, depuis les refontes de 1900 et 1907, pour offrir au public des garanties que notre loi française ne donne point ; notamment, en ce qui concerne la publication des marchés qui ont pour but de pourvoir la Société naissante de son matériel.

Et, lorsqu'en faisant le dénombrement des puissances étrangères dont nous avons honoré les sociétés d'un décret d'habilitation, on constate que les États-Unis figurent sur la liste, la preuve évidente est par là fournie que la valeur de la loi étrangère des sociétés tient une place bien médiocre dans les raisons qui ont déterminé notre décret gouvernemental.

Car, aux États-Unis, outre que la matière des sociétés n'est pas fédéralisée, et que chaque État a une loi distincte, on sait que certaines *private Companies laws*, celle de New-Jersey entre autres, laissent passer au travers de leurs mailles très lâches les moyens les plus effrontés d'exploiter l'épargne publique.

PREMIÈRE PARTIE

Les Individus.

Cet aperçu, que je puis appeler aujourd'hui anachronique, ne doit pas me faire perdre de vue, dans une digression, la question que je veux examiner. Anachronique, car la conduite des établissements exotiques, lorsqu'ils prennent un siège en pays différent, en France notamment, nous montre clairement que le devoir du gouvernement, dans le contrôle qu'il n'avait pas à exercer sur les individus, mais seulement sur les sociétés anonymes, va être désormais d'obéir à d'autres préoccupations de sollicitude. En quoi, le sujet de la condition des étrangers en France demande à être entièrement renouvelé.

Qu'on se place en face du droit privé issu de notre Révolution, imbu des principes de la philosophie du XVIIIe siècle, de la Déclaration des Droits de l'Homme, recueilli par notre Code Civil. Qu'on se demande le sort fait à l'étranger d'après ces principes. Voici ce que l'on constatera.

L'étranger n'est pas suspecté comme tel, parce qu'il apporte chez nous un esprit de civilisation différent du nôtre.

Bien au contraire, on lui témoigne un accueil favorable, on l'invite à venir à nous. La fraternité, qui a passé des membres de la famille primitive aux membres de la tribu, puis à ceux de la nation, s'est transmise aux hommes d'une autre race, aux hommes en général. Ce n'est pas une conception de pure idéologie. Nous avons intérêt à attirer les étrangers chez nous. Ils viennent compléter, vivifier notre propre civilisation par l'apport de leurs industries, de leurs moyens scientifiques, artistiques ou autres. Ils contribuent à élargir notre marché, en nous mettant en relations avec leurs compatriotes demeurés au loin.

Rien, au total, de plus avantageux, de plus conforme à la loi du progrès. On verra plus loin en termes plus précis comment notre législation civile distribue aux étrangers les droits que possèdent les Français. Tenons-nous en pour le moment à une vue d'ensemble.

De même, quant aux sociétés étrangères, on ne se défie pas d'elles parce qu'elles sont étrangères, autrement dit imbues d'un esprit de race différent du nôtre. On les tient à distance lorsqu'elles sont sociétés par actions, parce qu'elles obéissent à un régime de sauvegarde de l'épargne contre la finance qui n'est pas le régime jugé le meilleur par nos lois intérieures. Question de technique et de crédit, non pas question de nationalisme. Et encore, cela vient d'être dit, depuis qu'a été mise en œuvre l'organisation consacrée par la loi du 30 mai 1857, a-t-on passé outre et abandonné cet état de suspicion à l'égard des Compagnies de presque tous les Etats, à cause de ce même désir d'expansion économique de progrès industriels, et d'élargissement de nos marchés, qui avait dicté le régime fait aux individus.

Mais voici que le gouvernement d'un Etat ou d'une nation déterminée, de l'Etat ou de la nation allemande, renverse ce grand programme de fraternité, de libre accueil. L'Allemagne n'existant pas, il n'y aurait aucun motif de se montrer envers les étrangers plus réservé que nous ne l'avons été jusqu'à présent. La législation devrait même évoluer dans le sens d'un élargissement des droits de l'étranger ou des sociétés étrangères en France ; et tout porte à croire que le régime international qui sortira de la guerre témoignera, à l'égard des sujets des puissances alliées et même des Etats neutres, sympathiquement neutres, de ce resserrement de rapports et de l'octroi d'avantages plus grands aux citoyens ressortissants à une puissance autre que la France. Le relèvement économique de notre pays ne sera possible qu'à ce prix.

L'Allemagne s'est fait dans le monde une situation à part. Sans doute, il est très regrettable qu'on en soit venu à réformer le régime légal des étrangers par le fait d'une suspicion que provoquent les sujets d'un Etat déterminé, alors que les sujets des autres Etats se sont acquis des titres à plus de bienveillance. La réforme qui restreindra les droits civils des étrangers ne doit toucher que l'Allemagne ; autrement, elle 'rait au contraire du but.

Mais, pour toucher l'Allemagne, il faut qu'elle se traduise dans une formule visant en apparence les étrangers de provenance quelconque ; car il est tout à fait inadmissible d'introduire dans nos Codes ou dans nos lois un texte mettant à l'index les sujets allemands : « Les étrangers, *à l'exception des citoyens de l'Empire d'Allemagne* et des Etats qu'il a groupés dans ses alliances, jouiront de tous les droits civils. » Une loi est faite pour durer. Il n'est pas défendu d'espérer, en dépit de l'extrême tension que cette guerre entretiendra pendant un temps probablement long entre les deux civilisations aux prises, un jour viendra où le retour de l'ennemi à une conduite honn   fera cesser cette disparité.

Rien d'ailleurs ne sera pratiquement plus facile que de concilier l'exclusion dont nous voulons frapper les Allemands avec le maintien de notre hospitalité traditionnelle vis-à-vis des sujets des autres Etats ; il suffira de conclure sans attendre, avec ces dernières puissances, des conventions de commerce et d'amitié sur la base de la réciprocité : des conventions admettant l'étranger qui ressortit à l'Etat signataire à l'exercice des droits civils sur le même pied que s'il était Français. Des traités de ce genre existent déjà en très grand nombre. Ils assimilent ou assimileront les sujets de ces puissances aux nationaux français. Avec l'Allemagne aucune convention semblable ne sera possible, de quelque illusion que se bercent les associations germaniques revendiquant un retour aux relations commerciales anciennes. La porte de la France leur sera fermée ; nos alliés procéderont de même.

Par esprit vindicatif? non pas. Par simple mesure de précaution. Nous ne voudrons plus, ni les uns ni les autres, souffrir de l'emprise de ces dangereux voisins. Une situation internationale de ce genre ne s'était jamais présentée dans l'histoire : soit, à un péril de nature nouvelle doit répondre législativement un remède nouveau.

Ce n'est pas nous, qui sommes responsables de ce cas embarrassant. On comprend de suite que, si la société allemande menace notre sécurité, les personnalités individuelles de ce même pays créent un danger semblable, à cette seule différence près que la société par actions est en général plus fortement armée en capitaux, et qu'elle est mieux en mesure de déguiser l'exotisme de sa nationalité. Cette différence n'a pas une importance telle, qu'un Etat prudent et soucieux de son indépendance se juge prémuni contre les agissements de l'Allemagne en frappant ses Compagnies par actions, tandis qu'il laisserait libres d'agir ses individus. C'est en cela que le problème de la condition juridique des Allemands en France est engagé sur toute la ligne, et que ce problème ne peut recevoir de solution en la forme, qu'à la condition de revêtir l'aspect d'une refonte générale du droit des étrangers de provenance quelconque.

Les faits parlent, hélas ! trop éloquemment. L'Allemand, en quelque pays qu'il se porte, se croit chez lui. Il voit déjà l'Etat qui l'accueille englobé dans le grand Empire allemand de demain. Pour un peu, il reprendra à son compte le mot de César : Je suis venu, j'ai vu, j'ai vaincu. Il se fait sournoisement l'agent, modeste peut-être comme homme, bien orgueilleux comme Allemand, de cet envahissement du monde par la Germanie. S'il se rapproche de ses compatriotes profitant de la même hospitalité que lui, ce n'est pas pour se retremper dans le souvenir et les traditions de son pays d'origine, ainsi que le font des colonies d'étrangers d'autres nations que la sienne. Il prépare, de concert avec les autres Allemands résidants, des moyens d'infuser dans le pays où ils sont entrés les influences allemandes, de supplanter au profit du *Deutschtum* l'action indigène.

Son éducation première, la discipline passive à laquelle il obéit, l'extraordinaire outrecuidance nationale qui s'est développée depuis cinquante ans dans sa race, la pensée qu'il est dans l'échiquier de sa nation le pion destiné à concourir à l'œuvre d'ensemble, ou si l'on préfère un *fourrier* qui précède la colonne d'occupation, font de cet homme un ennemi, même en temps de paix. Il appartient au peuple prédestiné, en vertu d'un décret nominatif de la Providence, à dominer le monde. *Ubi bene, ibi Germania.* Agit-il de son initiative ? Émarge-t-il aux fonds secrets de la caisse noire du bureau militaire des renseignements ou de la Wilhelm Strasse ? On n'en sait rien. Dans l'un ou l'autre cas, son attitude et ses inspirations sont les mêmes. Il joue un rôle d'espion.

Est-il rien de plus significatif que cette affirmation d'un auteur anglais **J. Claëd**, *The German mole, a study of the art of a paeceful penetration*, que cite M. de Wyzewa dans la *Revue des Deux-Mondes*, du 15 novembre 1915 : « Aucun pays ne saurait, sans de graves périls, accorder aux Allemands les mêmes avantages qu'il accorde aux autres étrangers. Car le fait est que les Allemands ont pour principe d'employer les avantages de l'hospitalité d'autrui à des fins hostiles pour le pays qui la leur accorde ?»

Ce tableau est-il poussé trop au noir ? Certains l'ont cru, et pour un peu ils ont traité en hallucinés ceux qui en avaient fait l'esquisse. La guerre a dû, je pense, dessiller bien des yeux.

Militairement d'abord, c'est-à-dire au point de vue de notre action stratégique en cas de guerre ; cette manœuvre de termites ou de taupes, sous-minant depuis un temps plus ou moins long le sol qui ne devrait être que terre d'asile, est tout à fait dangereuse.

Qu'est-ce que cette usine de produits chimiques de Montereau, à la jonction des lignes de chemins de fer Paris-Lyon-Méditerranée et de l'Est où travaillaient des Allemands et dans laquelle, le jour même de la mobilisation, se découvrit un dépôt d'explosifs (1)?

Est-ce pure invention que cette acquisition par des Allemands de fabriques à portée de canon d'une place forte, fabriques dans la cour desquelles, sous le premier prétexte industriel venu, on

(1) Jouanny, membre de la Chambre de commerce de Paris. Exposé fait à la *Société de Législation Comparée* le 29 janvier 1917. Bulletin de cette Société, livraison janvier-mars 1917, p. 84.

avait édifié des plates-formes bétonnées, assises futures de batteries d'artillerie lourde ? Ou encore l'achat de ces carrières du Soissonnais, admirables retranchements surplombant la vallée de l'Aisne ?

Sont-ce également des imaginations de romanciers que les portraits de ces employés de commerce insinuants, se proposant avec rabais d'appointements, captant la confiance de la maison, même la confiance de la famille, se procurant des informations sur les notables de la localité ou du canton, disparaissant brusquement au jour de la mobilisation pour revenir quelques semaines plus tard tête casquée, en uniforme d'officier de réserve, pour parler en maîtres, désignant les cachettes des coffres-forts, intimant au maire de la commune, avec la liste des administrés qu'il fallait frapper, **des ordres de réquisition (1) ?**

Mais économiquement, dans l'ordre commercial et industriel, cette pénétration allemande a exercé sur notre indépendance nationale une action offensive et meurtrière peut-être plus périlleuse encore. La concurrence internationale est une belle chose ; elle aiguillonne nos producteurs, elle les tient en haleine dans les recherches de perfectionnements, elle abaisse les prix. Mais encore faut-il que la lutte soit égale, que leurs rivaux ne les écrasent pas du poids d'une supériorité acquise par des moyens répréhensibles.

Dans plusieurs domaines d'industries, les Allemands ont fini par s'assurer des monopoles de fait, soit en ouvrant des usines françaises suivant des méthodes que leur avait suggérées l'éducation germanique, soit en écoulant en France par des agents allemands, ou par des compères, des marchandises fabriquées en Allemagne plus économiquement qu'on n'aurait pu les produire en France : dans l'ordre des couleurs, des produits chimiques d'où sortent les matières explosives, dans la pharmacie, dans l'électricité, dans de nombreux ordres de machines, les Allemands ont acquis une prépondérance dont nos maisons similaires françaises n'ont pu qu'essuyer les effets, au point que beaucoup de ces dernières ont déserté la lutte et fini par liquider.

Cette prépondérance tient en partie, il faut en convenir, à une supériorité dans l'art de la fabrication : enseignement technique mieux organisé, fonctionnement à côté des ateliers de production courante de laboratoires de recherches, laboratoires reliés eux-mêmes aux écoles pratiques des Universités, collaboration quoti-

(1) On se rappelle la façon dont M. Marcel Prévost, dans son roman *Des Anges gardiens*, a exploité ce thème à propos des institutrices étrangères auxquelles notre bourgeoisie confie l'éducation de ses filles.

dienne de la science et de l'art pratique. Pour ce qui concerne l'écoulement des produits, tout un organisme de crédit à l'exportation et, grâce à cette expatriation qui fait que les Allemands trouvent des compatriotes ayant des comptoirs et des journaux de propagande dans tous les pays du monde, relations permanentes entretenues avec tous les marchés de l'univers au-devant desquels on fait marcher les consuls, dont on tâte sans cesse les besoins ou les désirs, et comme résultante de cette politique, extension énorme de la production des articles d'un type uniforme, ce qui réduit les frais généraux.

Tant qu'on s'en tient à ces facteurs d'action, il n'y a rien à dire. Tâchez d'imiter vos concurrents, vous, maisons françaises ; aspirez, vous aussi, à ce génie d'organisation dont ils se targuent avec tant de fierté, pour ne pas dire avec tant d'impertinence. Mais voici le revers du tableau.

La camelote allemande dissimule son origine ; elle fausse les marques de provenance. Les articles de Paris, fabriqués à Nuremberg, franchissent la douane en portant la mention d'une maison française, celle qui vendra le produit, ce qui est une marque de commerce et non pas de fabrique, donnant prise aux équivoques. Et si cette marque est surmontée, ainsi que veut la loi, du mot *importé* (1), voire de l'énonciation de la maison allemande d'où elle sort, *made in Germany*, l'encre dont est empreinte cette mention d'origine, s'effacera à l'arrivée dans les magasins de l'acheteur, au moyen d'un coup d'éponge. La douane s'y sera laissée prendre. Il n'est pas probable que ce stratagème se soit généralisé, mais il suffit qu'on en ait surpris quelques applications, pour justifier le reproche de fourberie adressé à ces marchés : le truquage ne doit présider aux relations internationales, pas plus d'ailleurs qu'aux autres.

L'éviction graduelle de notre fabrication des produits chimiques et autres par la fabrication allemande tient à d'autres moyens que réprouve la probité en matière d'affaires. Par les trusts groupant

(1) Ceci ne doit pas être pris au pied de la lettre. L'art. 15 de la loi des douanes du 11 janvier 1892 n'exige l'inscription du mot « importé » que dans des circonstances exceptionnelles. La vérité est que la loi intérieure des marques (l. 23 juin 1857 ,art. 19) et les textes de l'Union internationale de Paris de 1883 (à l'exception de ceux de l'Union restreinte formée à Madrid), permettent de jouer sur les mots: marques de fabriques et marques de commerce et de surmonter l'enveloppe du produit de la désignation d'un lieu qui sera souvent le lieu de vente du produit et non pas celui du lieu de production, ainsi que le croyait naïvement l'acheteur. Il y aurait à agiter sur ce seul point tout un monde de questions.

les maisons allemandes, excluant les maisons françaises, par le taux d'uniformité des prix en vendant les articles cher en Allemagne, bénéfices permettant aux producteurs d'exporter ces mêmes articles à l'étranger au-dessous du prix de revient, des maisons françaises ont succombé ou végété tombant dans le marasme.

La politique de l'Empire a servi cet accaparement du marché étranger par l'artifice du *dumping*. La fabrication allemande a été protégée par des droits d'entrée, surtout par des primes à la sortie, procédés arbitraires qui ont été jugés naguère assez malfaisants pour dénoncer la fameuse convention internationale des sucres.

N'est-il pas permis à un Etat de se défendre contre de semblables intrusions, en substituant une règle prohibitive soit des personnes, soit des produits à la règle autorisant le libre accès d'autres Etats?

La pensée se reporte aux machinations de tous ordres que l'Allemagne a organisées pour soustraire les produits français, depuis 1871, au bénéfice de la clause du traité de Francfort sur la nation la plus favorisée, tout en faisant profiter les produits allemands de cette clause, lorsqu'il s'agissait de les introduire chez nous. On a détaillé les classifications des types de produits, de manière que les types d'importation à qui l'Allemagne procurerait une taxe réduite n'avaient pas leurs types correspondants dans les marchandises importées de France (1).

Fourberie de même ordre, soit dit en passant, que celle qui a été pratiquée à l'égard des sociétés commerciales. Nos sociétés n'ont pu former des agences en Allemagne en vertu du traité de Francfort, parce qu'aucune convention conclue par l'Empire, fût-ce avec l'Autriche-Hongrie, n'a étendu la reconnaissance des sociétés étrangères en Allemagne au droit d'y créer des succursales, la reconnaissance diplomatique n'étant qu'un simple octroi de faire des marchés d'un pays à l'autre *par-dessus la frontière*.

Nous, Français, n'y avons pas regardé de si près : la reconnaissance des sociétés belges, italiennes, ou autres ayant emporté la création de succursales en France par ces sociétés, les Compagnies allemandes ont pu en faire autant (2).

(1) Les Alliés, dans la délibération prise à Paris par la Conférence économique de leurs gouvernements des 14-16 juin 1916, ont convenu que « le bénéfice de ce traitement ne pourrait être accordé aux puissances ennemies pendant un nombre d'années qui serait déterminé, par voie d'entente entre eux. »

(2) Je répète que l'interprétation de l'article du traité de Francfort pouvait induire à l'exclusion des sociétés du bénéfice de cette clause en ne la réservant qu'aux individus. — Cfr. la note de M. Lyon-Caen sous l'arrêt de la Cour de Cassation du 14 mai 1895, Sirey, 96.1.161.

Economiquement, ce drainage vers un autre pays que la France d'une richesse dont la France a fourni l'aliment, concourt à la puissance de l'Etat étranger, affaiblit la nôtre. L'Allemand a procédé à la manière d'une pompe aspirante qui fait passer de notre pays dans le sien des capitaux formés par une activité développée sur notre territoire, peut-être grâce à une main-d'œuvre française, par des ventes à des consommateurs français. C'est le fâcheux résultat qu'entraînait depuis des années le déclin de notre marine marchande, en nous obligeant à laisser aux mains des capitaines étrangers des frets considérables, diminuant notre fortune nationale.

Politiquement, cette prise de possession du sol français par des industries de provenance allemande qui ont graduellement évincé nos industries à nous, a été bien plus néfaste. On s'en est aperçu, une fois la guerre déclarée. Aujourd'hui, la grande guerre est tributaire de presque toutes les industries. Il faut au belligérant des canons, des munitions, des engins de tous ordres. Il n'y a pas une maison de métallurgie que l'Intendance, par marchés directs ou par réquisition de service, ne fasse concourir à l'œuvre de la défense nationale. On s'adresse aux chimistes pour découvrir de nouveaux explosifs, des gaz asphyxiants, si l'on en vient à l'emploi des représailles envers l'ennemi peu consciencieux de l'observation des règles du droit des gens. Il faut au service de santé des médicaments, des appareils orthopédiques, des toiles de bandages ou autres. On doit ravitailler une armée de plusieurs millions d'hommes, la nourrir, la vêtir.

Ce phénomène a été très bien noté par M. Georges Blanchon dans ses articles de la *Guerre nouvelle* parus à la *Revue des Deux-Mondes* de janvier 1916. Autrefois, l'armée suffisait à presque tous ses besoins avec son personnel militaire : maintenant, d'énormes services publics sont militarisés et travaillent pour elle. — Il y a tout un personnel adjoint à l'armée pour ses transports par voie ferrée. Une autre catégorie analogue est constituée par le service sanitaire. La société menacée en arrive à réquisitionner le travail, car une production immense devient une nécessité publique. Quelque désir qu'on en ait, on se trouve obligé de lier à la guerre, d'une façon plus ou moins étroite, une foule d'actes de commerce. L'Etat s'adresse pour la plupart de ses commandes à des entreprises privées avec lesquelles il conclut le plus souvent des contrats à longue échéance. Comme il faut nourrir les armées et la population civile, les vêtir, les chauffer, et les soigner, les abriter, toutes les sources de production les unes après les autres entrent dans le domaine national. Encore, quand ces lignes étaient écrites, était-on loin de penser aux restrictions alimentaires qui ont jeté un tel désarroi dans la vie au jour le jour de toute la population. Certes, les événements contemporains ont donné un démenti à l'assertion de Rousseau, disant que la guerre met en cause les Etats et non pas les individus.

J'abrège ce tableau pour ne pas tomber dans les banalités. Or, voit-on la position critique de la puissance publique, de l'autorité, lorsque, voulant s'adresser à tous ces services privés qui seront ses auxiliaires indispensables, elle constatera la fermeture des maisons qui lui auraient procuré les fournitures nécessaires, le départ de leurs chefs ou l'arrêt des arrivages de tels produits qu'on faisait venir d'Allemagne, qui n'en viennent plus, et de la fabrication desquels nos nationaux n'ont pas le secret ? En dépit de tous les prodiges dont témoignera l'industrie indigène pour substituer à ces matières ou à ces spécialités manquantes des équivalents, nous nous trouverons démunis, par suite des monopoles de fait que l'ennemi s'était assurés, chez nous, sur beaucoup de nos moyens de lutte et de défense.

C'est sous cet aspect de « nationalisme » pur que doit se placer désormais tout Etat ayant le souci de sa sécurité lorsqu'il réglemente la législation relative aux étrangers. Attendre que la guerre soit engagée pour prendre des mesures restrictives du libre commerce ou de la libre industrie serait trop tard ; car c'est pendant la paix, on l'a trop oublié chez nous, que se préparent les moyens de guerre. S'imaginer que, parce que cette guerre est formidable, elle sera la dernière, car le traité qui la terminera liquidera tous les conflits, et qu'elle laissera l'humanité lasse et pleine de dégoût à la pensée d'en entreprendre d'autres, c'est de la pure idéologie.

Il faut donc réformer le droit des étrangers, en entendant par là le droit applicable aux Allemands ; droit qui, basé sur le principe de la porte ouverte, nous a valu d'amères déceptions et a même failli nous conduire à l'abîme. De ce renouvellement de législation, ni les Chambres, ni le gouvernement ne se sont encore occupés. La seule question sur laquelle ait porté leur attention est celle de l'acquisition de la nationalité française par voie de *naturalisation*. Problème qui touche bien à la législation des étrangers, et même de fort près, mais sans préjuger les droits privés que les étrangers doivent pouvoir exercer en France ni ceux dont il faut les déclarer incapables.

Je passe vite sur cette face du sujet. Je me borne à rappeler une loi qui a été votée dans la première phase de la guerre et qui sera suivie d'autres lois actuellement à l'état de projet.

La restriction volontaire de natalité, le besoin de combler les vides que déterminent progressivement dans notre population les décès et le nombre moindre des naissances, placent les pouvoirs publics, en fait de naturalisation, dans une situation ingrate, presque contradictoire.

User de rigueur envers les demandes de naturalisation, c'est laisser le mal sans remède. La population fléchira, et peu à peu la nation éclaircira les rangs des Français, au plus grand dommage de son avenir et de son renom.

S'y montrer favorable au contraire, outre l'infusion d'un sang qui finira par adultérer le nôtre, n'est-ce pas aller au-devant du péril qui introduit des ennemis possibles dans la place ?

C'est cependant vers ce deuxième parti qu'on a incliné, un peu par nécessité. Les conditions de la naturalisation ont été facilitées par une loi de 1889, et le nombre des personnes qui ont changé depuis cette époque leur qualité d'étranger contre celle de Français, par décret du chef de l'Etat, s'est accru en conséquence. Un certain nombre d'Allemands ont figuré parmi ces individus rendus Français par naturalisation, et il semble, sauf à consulter les statistiques de plus près, que cet empressement à bénéficier de notre nationalité s'est surtout augmenté dans les années qui ont immédiatement précédé la guerre. On a été frappé du nombre des requêtes parvenues à la Chancellerie aux fins par des étrangers d'obtenir l'admission à domicile, ce préliminaire de la naturalisation, le plus pratique, car il est celui qui permet d'y arriver le plus vite (1).

A la même époque, était votée en Allemagne une loi aux effets de laquelle notre Chancellerie n'a peut-être pas été assez attentive, la loi connue du nom de « loi Delbrück » (2).

(1) Article 8 du Code Civil modifié par la loi du 26 juin 1889, « Sont Français…, les étrangers naturalisés. Peuvent être naturalisés : 1° Les étrangers qui ont obtenu l'autorisation de fixer leur domicile en France conformément à l'article 13, après trois ans de domicile en France à dater de l'enregistrement de leur demande au ministère de la Justice ; 2° Les étrangers qui peuvent justifier d'une résidence non interrompue de dix années, etc…

(2) Elle porte la date du 22 juillet 1913 et a été l'objet d'une notice de M. A. Weiss dans l'*Annuaire de Législation Etrangère*, 43° année, pages 133 et suivantes. Le sujet allemand est avant tout sujet d'un Etat particulier de l'Empire, Bavière, Saxe, etc…. La nationalité *fédérale* lui advient par surcroît de cette nationalité d'Etat, en vue du service militaire et des fonctions impériales. Il peut substituer à sa nationalité d'Etat la nationlité d'un autre Etat de l'Empire, sur sa demande au Gouvernement de l'Etat nouveau dont il veut dépendre, et l'autorité n'a

Elle permet à un Allemand qui recherche et obtient une nationalité étrangère de conserver cumulativement avec sa nationalité nouvelle celle de citoyen allemand ou de citoyen d'un des Etats composant l'Empire allemand.

On a déjà tant écrit sur ce cumul de nationalités et sur l'arrière-pensée allemande dont il est le résultat, que je puis me dispenser d'insister. L'ancienne loi de la Confédération de l'Allemagne du Nord du 1er juin 1870 (1) donnait-elle déjà par son silence à l'Allemand le moyen de prendre figure de Janus ? C'est une question qu'on s'est posée, elle n'a pas perdu son intérêt.

Cette singulière faculté, s'ajoutant à d'autres raisons, détermina depuis la guerre notre gouvernement à présider à la révision des décrets qui dans les dernières années avaient conféré la condition de Français à des étrangers provenant des Etats avec lesquels nous étions en guerre. Ce qui nécessita le vote d'une loi dont M. Maurice Bernard fut le rapporteur à la Chambre et qui fut promulguée le 7 avril 1915. Lorsque reviendra le calme, d'autres questions naîtront au sujet de la réforme du droit de la naturalisation. La législation en vigueur fait de l'étranger naturalisé français un citoyen immédiat, un homme pourvu de tous les droits politiques, électorat, et éligibilité. Certains pensent que c'est là une faveur prodiguée avec trop de précipitation, et qu'il conviendrait de surseoir pendant cinq ou dix ans à l'octroi de ces droits de nature politique (2).

D'autres vont même jusqu'à proposer de les suspendre jusqu'après la mort du naturalisé pour n'en faire bénéficier que la génération suivante.

Là n'est point la question principale. Qu'on laisse le naturalisé à l'écart pour ne s'occuper que de l'étranger, n'ayant pas même obtenu ou sollicité l'autorisation de fixer son domicile en France.

Quelle est sa condition légale ? Est-il juste que la loi actuelle qui le régit soit réformée ? Il va sans dire que le sujet n'est esquissé

pas le droit de repousser cette demande. C'est également au Gouvernement de l'Etat particulier qu'il appartient de naturaliser un étranger; la nationalité immédiate par le gouvernement impérial n'existant que pour les résidents établis en pays de protectorat ou pour les anciens Allemands, ou encore pour les étrangers exerçant hors de l'Allemagne une fonction publique.

(1) Publiée par M. Lyon Caen dans l'*Annuaire de législation étrangère*, de 1872, page 183 et suivantes.

(2) Dès à présent l'étranger naturalisé n'est éligible aux assemblées législatives que dix ans après le décret de naturalisation à moins qu'une loi spéciale n'abrège ce délai (L. 26 juin 1889, article 3).

ici que dans ses toutes grandes lignes. L'étude passe pour singulièrement surannée. C'est à peine si le spécialiste de droit international s'attarde encore à la discuter. Il passe plutôt sur elle et, raisonnant comme si l'étranger avait en France tous les droits privés, ce qui n'est vrai que par à peu près, il aime mieux se demander si c'est en conformité de sa loi d'origine ou en conformité de la loi française que l'étranger exercera ses droits sur notre territoire.

Autrement dit, c'est sur l'étude des statuts personnel, réel ou formel, étude d'ailleurs fort abstruse, que le droit international fait reposer sa véritable assise.

Je ne suivrai pas les auteurs sur ce terrain, et je m'en tiendrai naïvement au rappel des droits que possède l'étranger chez nous, sans me perdre dans le détail de l'habillement tantôt français, tantôt étranger, dont il faudra recouvrir ces droits si l'on a commencé par lui en reconnaître l'exercice : besogne qui serait d'ailleurs de pur hors-d'œuvre.

Cela dit, l'étranger, l'Allemand par conséquent, a chez nous tous les *droits privés*, à peu de chose près, n'eût-il obtenu aucune autorisation de domicile, son Etat n'eût-il conclu avec la France aucun traité admettant réciproquement les sujets de l'un à exercer leurs droits dans le territoire de l'autre.

Notre loi, il est vrai, l'article 11 du Code Civil, qui est le siège de la matière, ne le dit pas ainsi. Et ce texte a été vivement controversé. Il semble, tout au contraire, à le lire, que l'étranger, non admis personnellement à domicile en France, n'a de droits privés qu'à la condition d'un traité diplomatique conclu entre son Etat et le nôtre sur la base de la réciprocité. Certainement, avant la loi du 14 juillet 1819 qui s'est intitulée comme abolissant les droits d'*aubaine* et de *détraction*, l'étranger non admis à domicile était chez nous incapable de succéder ou de recevoir tant par donation que par testament, soit d'un autre étranger, soit d'un Français (anciens articles 726 et 912 Code Civil).

Voilà donc une incapacité aujourd'hui disparue. En voici une seconde qui a également pris fin dans les rapports de la France avec un grand nombre d'Etats liés par les Conventions de La Haye sur le droit international privé ; celle d'avoir à fournir dans un procès entrepris par l'étranger contre un Français une caution solvable répondant des frais et des dommages et intérêts reconventionnels, la caution *judicatum solvi*.

Je regrette de ressasser des choses qui ont été dites cent et cent fois. Elles sont l'abécédaire des connaissances qu'on enseigne en droit civil aux jeunes gens qui commencent leur licence. Le rappel de ces notions m'est indispensable pour étayer la thèse très différente que je crois devoir figurer à l'avenir la charte des étrangers chez nous.

Selon l'opinion accueillie depuis plus d'un siècle devant nos tribunaux, et dont on trouve déjà quelques précédents dans l'ancien droit pour ne pas dire dans le droit des *Instilutes de Justinien*, les droits privés se distribueraient en deux groupes ressortissant l'un au droit naturel ou plutôt au droit des gens (en donnant à cette expression un tout autre sens que celui que la législation internationale lui a prêté), et l'autre au « droit civil » proprement dit. Les avantages communément envisagés par les diverses nations policées comme découlant du droit naturel et faisant ainsi partie du *jus gentium* ne sont pas à considérer comme particuliers au droit national de tel ou tel peuple : l'étranger en jouit de droit commun, et sans aucune condition. L'étranger ne peut, au contraire, prétendre aux facultés dont l'établissement est plus spécialement l'œuvre du droit national, facultés que ne consacrent pas toutes les législations, que sous les conditions indiquées aux articles 11 et 13, c'est-à-dire moyennant un traité diplomatique ou moyennant une admission individuelle à domicile (1).

Si le Code civil avait été voté au lendemain de la Révolution, il aurait témoigné à l'étranger plus de générosité. L'ensemble des droits privés lui aurait été reconnu de la même manière qu'au Français. Tout le mouvement philosophique du xviiie siècle s'orientait vers cette assimilation de l'étranger et de l'indigène, la concession des droits politiques étant exceptée. Le droit d'aubaine, d'origine féodale, qui attribuait au Roi la succession des étrangers mourant en France, s'était sans doute maintenu, non sans de sérieuses restrictions ; mais il avait été balayé par les réformes de la Constituante.

Ce droit mis à part, on ne paraissait guère disposé, à la fin de la Monarchie, à édicter contre les gens du dehors des incapacités particulières. M. Valéry, dans le dernier ouvrage paru chez nous sur le droit international privé, relève bien certains passages soit du chancelier d'Aguesseau, soit du jurisconsulte de Ferrières, témoignant d'une distinction appliquée aux étrangers dans l'exercice des droits, et basée sur une antithèse entre le droit naturel et les droits civils (2).

(1) Aubry et Rau, 3e édition, 1er vol. n° 78, page 498.
(2) *Manuel du Droit International privé*, chez Fontemoing, 1914, pages 343-345... « Tous les hommes sont sortis égaux de la main de la nature... Le droit civil, c'est-à-dire le droit particulier de chaque nation, ajoute à ces qualités naturelles des distinctions purement

•••

Cette antithèse des « droits des gens » et des « droits civils »,
d'où nos jurisconsultes l'avaient-ils puisée ?

D'un paragraphe d'entrée bien connu des *Institutes de Justinien*
(I, titre II, paragraphe Ier), copié lui-même des *Commentaires de
Gaïus* (ce que nos jurisconsultes, il est vrai, ne soupçonnaient
guère, Niebuhr n'ayant point encore alors découvert le fameux
palimpseste de la bibliothèque de Vérone).

Cette déclaration de Gaïus ou du compilateur des *Institutes*
n'avait au surplus qu'une portée philosophique. Son but était de
poser un premier jalon dans l'enseignement de la jeunesse se
consacrant à l'étude du droit. Ni le droit en vigueur sous le Bas-
Empire ni même le droit pratiqué trois siècles auparavant du
temps des jurisconsultes classiques ne confirmaient cette réserve au
profit des nationaux de certains droits auxquels ne pouvaient prétendre les étrangers, qu'on aurait en revanche reconnus aptes à
tous les « droits des gens. »

L'histoire du droit romain a fait des progrès depuis un siècle ;
elle nous montre, avec des variations suivant les époques, la condition des prétendus étrangers à Rome sous un tout autre aspect.

Transportée dans la République romaine ou dans l'Empire romain, la distinction moderne de l'indigène et de l'étranger est un
anachronisme.

L'étranger est l'homme qui vit au-delà des marches ou des con-
fins de l'Empire. On n'a avec lui aucun contact. C'est l'homme
non civilisé, le Dace, le Parthe, le Numide du désert, l'ennemi,
hostis.

L'état de guerre est le seul qu'on reconnaisse avec les peuplades
dont ces hommes dépendent ; on n'est lié envers eux par aucun
droit. Celui qui correspondrait à notre étranger moderne c'est le
« pérégrin », mais il n'est pas un étranger véritable; car il constitue
un sujet romain, sujet direct ou sujet par voie de protectorat. La

civiles, et arbitraires. Telles sont les différences que les lois ont éta-
blies entre les citoyens et les étrangers (D'AGUESSEAU, *Essai sur
l'état des personnes*, Œuvres, V. p. 418. « Aujourd'hui les étrangers
sont seulement incapables des *effets civils*, mais ils sont toujours capables des effets du droit des gens. Les aubains non naturalisés sont
donc capables de toutes sortes d'actes et contrats entre vifs... Ils ont
la faculté d'acquérir en France des immeubles... Ils peuvent aussi
contracter mariage (J. DE FERRIÈRES, *Dict. de Droit et de Pratique*,
1762, v°. Aubain. »

politique romaine du *parcere subjectis*, si on la prend
après le déclin de la prépondérance patricienne, après les exac-
tions que commettaient les gouverneurs à la *Verrès*, était vis-à-vis
de ces nations sujettes, dont l'ensemble des territoires composait
le monde civilisé tout entier, empreinte d'une véritable sollicitude.

Nous doutons fort que, si une chance inespérée avait au XXᵉ siècle doté l'Allemagne tentaculaire d'un semblable Empire, ses dirigeants auraient tendu aux nations vaincues une main aussi généreuse.

Les Romains respectaient les mœurs et les lois locales. Même là
où ils privaient la province de s'administrer et de rendre la justice
par le ministère d'agents autochtones, et quand ils chargeaient les
propréteurs, proconsuls ou autres autorités venant de Rome de
régler les différends, c'est le droit local qu'ils appliquaient, sans
distinguer entre un prétendu droit civil et le droit des gens. Le
pérégrin était régi par le droit de sa propre cité, qui pour les villes
érigées en municipes mettait un certain orgueil à se modeler sur
le droit de la cité romaine.

Lorsque ces pérégrins venaient à Rome et avaient à y soutenir
un procès, la grande cité soulignait la parité de rang qu'elle voulait
maintenir entre ses citoyens et ces sujets auxquels elle entendait en
outre faire honneur ; elle les régissait suivant le droit civil et les
considérait comme membres de la cité : *Urbem fecisti, quod prius
orbis erat.* Ce qui, en outre, au point de vue de l'immatricula-
tion dans les centuries, et dans les légions, ou au point de vue du
recensement romain, devait avoir des conséquences notables. Du
moins cette attribution du droit de cité au pérégrin s'est-elle effec-
tuée graduellement. Le privilège fut étendu du *Latium* à toute l'Italie, puis, sous Caracalla, à tout l'Empire. Du temps de Justinien il
n'y a pas apparence que tant dans le Haut que dans le Bas Empire,
aucune région en ait été exceptée. Le jour où cette uniformité fut
achevée, il n'y eut plus aucun motif de maintenir aucune distinction entre le droit civil et le droit naturel ou des gens, tous les
sujets de l'Empire 'est-à-dire tous les sujets du droit, pouvant
également prétendre aux uns et aux autres de ces bénéfices du droit.

Dans la période de transition, qui prit plusieurs siècles, il est
vrai que le pérégrin n'était pas traité à Rome par le magistrat
romain, par le préteur pérégrin, sur le même pied qu'un membre
de la cité disposant du *jus quiritium*. Les hommes de lois imagi-
nèrent une opposition entre les droits civils romains et les *jura
gentium*, que les romanistes d'avant et d'après notre Révolution
ont, sur la foi du paragraphe 1ᵉʳ du titre II des Institutes, consi-

dérée à tort comme constituant tout d'une pièce la charte du droit
des étrangers à Rome. On reconnut le pérégrin apte comme le
Romain à un grand nombre d'opérations d'utilité courante, ventes,
prêts, stipulations, possession bonitaire du sol même italique. On
le reconnut capable d'entreprendre un procès sous certaines distinctions, de faire un mariage de droit des gens.

Inversement, on lui refusa la puissance paternelle, le droit de
laisser ou de recueillir une hérédité selon le rite romain, de concourir à des actes solennels comme la mancipation.

Mais cette distinction, à l'occasion de laquelle les réformes pré-
toriennes vinrent corriger la rigidité du droit *quiritaire*, ne préten-
dit pas opposer, quoi qu'en ait écrit Gaïus ou Justinien plus tard
au VIe siècle de notre ère, époque où celle-ci n'existait plus, les
règles plus régionales, spéciales à une cité déterminée. La distinction avait sa place dans les actes solennels, formels, se ratta-
chant à une liturgie, à une religion, opposés aux actes trouvant
leur justification dans la raison et dans l'économie pratique. Le
pérégrin n'avait pas la religion romaine : seuls les actes de la
seconde catégorie, les plus nombreux, lui étaient accessibles (1).

(1) Cet exposé historique n'est que de vérité très approximative.
Le droit national des pérégrins constitue une source sans doute fort
abondante, mais sur laquelle il y a beaucoup d'informations re-
cueillies, mais dépouillées au classées seulement en partie. — Sur
l'ensemble de l'organisation, je m'en rapporte à des autorités juridiques, qu'on ne saurait récuser. M. Girard (*Manuel de Droit
Romain*, IIIe édit. 1901, page 111), dit : « Le droit des pérégrins est
constitué par leur droit national, et par le droit des gens. *Les pérégrins vivent sous l'empire de leurs lois nationales*, dans la mesure où
l'exercice leur en a été laissé. » Notre auteur estime que le *jus gentium*
a eu surtout pour but de faire office de droit international, de régler les rapports des pérégrins avec Romains ou des pérégrins de races
différentes et de s'appliquer aussi aux déditices. « La cité fut conférée à toute l'Italie après la guerre sociale, par la loi Julia de
664 et à la *Transpadane* par la loi Roscia de 705. Des colonies étaient
fondées par commissaires; la naturalisation globale était conférée
aux soldats par les généraux. La concession de Caracalla, d'après
Mommsen, ne concernait que les villes chef-lieux ou bien elle n'a été
faite qu'aux décurions ».

D'autre part, M. Cuq, *Les Institutions juridiques des Romains*,
IIe vol., Droit classique et Bas Empire, page 65, dit que « les cités libres ne sont pas soumises à l'autorité du Gouverneur de la province,
qu'elles conservent leur autonomie, qu'elles sont régies par le droit
local... Les villes provinciales sont régies par l'Edit du Gouverneur.
Cet édit, dans le principe, et conformément à la *lex provinciae*;

*
**

Une fois encore, je prie le lecteur d'excuser ce retour à un lointain passé. La Révolution de 1789 semblait devoir effacer les barrières de droit privé entre étrangers et Français. C'est le cas aujourd'hui pour plus d'une législation européenne. Le Code civil italien, promulgué en 1865, dit dans son article 3 : « L'étranger est admis à jouir des droits civils reconnus aux citoyens. » *L'Institut de droit international* a voté, dans sa session de 1880, à Oxford, une résolution invitant les puissances à poser, sans restriction future, la règle suivante : « L'étranger, quelle que soit sa nationalité ou sa religion, jouit des mêmes droits civils que le régnicole ».

Malheureusement, lorsque fut entreprise la confection des Codes sous le Consulat, plus de dix ans s'étaient écoulés depuis l'avènement de la Constituante : la France était entrée, puis restée en état de guerre avec presque toute l'Europe : le traité d'Amiens n'était lui-même qu'une trêve de très courte durée.

L'opinion était revenue de l'impression favorable que lui avait suggérée l'étranger aux premiers jours de la Révolution, à la suite des philosophes. Les rédacteurs du Code civil s'arrêtèrent à un moyen terme, à ce régime transactionnel dont la distinction des droits des gens et des droits civils fournissait la trame. La faculté pour l'étranger d'être héritier, donataire ou légataire en France était principalement visée par cet article 11 du Code civil qui a tellement défrayé les commentaires. Soit dit en passant, les travaux préparatoires, exposés et rapports, ne laissent pas mettre en doute le sens véritable qu'il faut donner à ce texte d'un laconisme regrettable ; la jurisprudence, en le consacrant à son tour, n'a fait que répondre fidèlement à la pensée qu'avaient eue le Conseil d'Etat, le Tribunat et le Corps législatif.

Mais l'article 11 ne s'enfermait pas dans le cercle des successions, donations ou testaments ; et lorsque, en 1810, la Restauration rendit aux étrangers le droit d'hériter ou de recevoir à titre gratuit en France, la barrière séparant en droit privé l'étranger du Français ne fut pas nivelée pour autant. Donc point de droit civil, *stricto sensu*, aux étrangers : les droits des gens leur sont au contraire largement ouverts.

assurait le plus souvent aux provinciaux le maintien de leur droit national. »

*
**

Fort bien. Toutefois, lorsque l'on chercha à faire la liste de ces droits civils dont l'étranger, en principe, était exclu, c'est à peine si l'on en découvrit une demi-douzaine ; et même, à mesure que le rapprochement des nations égalisa leurs législations respectives en faisant passer dans le droit général des peuples des institutions qui n'étaient d'abord connues que de certains d'entre eux, ce nombre de règles exceptionnelles propres aux Français diminua encore.

L'étranger ne peut adopter ni être adopté, ni exercer une tutelle dative, ni, mineur ou femme mariée, avoir une hypothèque légale sur les immeubles du tuteur ou du mari. Mais, à tout prendre, combien ces incapacités sont de faible importance !

Il peut résider en France même d'une manière prolongée (résidence qui, aux yeux de certains légistes, ne sera pas un vrai « domicile » faute d'autorisation, mais sans que la législation tire de conséquence appréciable). Il peut résider, à condition de faire à la police une déclaration sanctionnée plus sévèrement selon qu'il exerce ou non une profession en France, et l'on sait jusqu'où va la tolérance de la police envers ceux qui s'abstiennent de cette déclaration : ils sont légion.

On doit convenir cependant que le Ministre de l'intérieur dispose envers l'étranger d'un droit absolu qu'on ne peut pas, celui-là, traiter d'anodin, du droit de prononcer par arrêté en tout temps son expulsion du territoire. Et là est, je pense, le véritable fossé creusé en droit civil ou en droit public entre l'étranger et le Français.

Pour qui continue à faire l'énumération, il apparaît que tout étranger peut saisir d'un procès un tribunal de France, si c'est un Français qu'il a pour adversaire, l'ancienne entrave créée par le caution *judicatum solvi*, n'existant plus qu'au regard de plaideurs ressortissant à de très rares États (1).

Il apparaît encore que tout étranger peut aller et venir, résider et se marier, contracter, conclure des conventions de tous genres, même acquérir des propriétés immobilières rurales ou urbaines sans limite aucune, ce qui lui assure dans les régions où s'étendent

----

(1) La *caution judicatum solvi* semble avoir ses jours comptés en droit international. On protégera beaucoup mieux les droits reconventionnels du Français assigné, en simplifiant la procédure d'exécution des jugements d'un pays dans un autre.

ses domaines l'influence que la possession de la terre ménage à ceux qui l'exercent en grand.

Il apparaît qu'il peut entreprendre tout commerce, toute industrie, s'établir enfin et tenir toute une clientèle sous sa dépendance : s'établir s'il est de condition plus humble comme employé ou comme ouvrier et non plus comme chef, ce qui là encore, en dépit de son état apparent de subordonné, lui ouvre bien des portes et lui confère cent moyens, pour ne pas dire mille, d'agir ouvertement ou en sourdine, tantôt dans son métier et tantôt par à côté.

*
* *

Deux grands domaines de législation sont tout à fait de formation moderne et, à ce titre semblent devoir tenir l'étranger en dehors des droits relevant de ces catégories nouvelles. Car une institution moderne, partant d'origine récente, n'a pas eu le temps de faire tache d'huile et de se répandre dans tous les États civilisés : elle est donc encore du ressort du droit civil proprement dit.

Je parle de la *propriété industrielle* d'une part, de la *législation sociale* de l'autre. La propriété industrielle garantit à l'auteur, à l'inventeur, au producteur le pouvoir de défendre son œuvre ou les signes par lesquels il identifie ses produits contre les empiètements d'autrui, de quelque nom que l'on désigne ces empiètements et les actions judiciaires qui en assurent la répression.

L'étranger non admis à domicile va-t-il être exclu de ces droits, de ces avantages qui seraient alors des privilèges conférés aux Français ?

Qu'on ne se presse pas de répondre !

Oui, ces avantages lui sont refusés. L'article 11, à lui seul, donnerait peut-être cette réponse ; mais ce texte n'est point farouche, il se prête à beaucoup d'accommodements.

Déjà le décret du 5 février 1810 reconnaît dans son art. 40 tant aux auteurs étrangers que Français d'ouvrages imprimés ou gravés la faculté de céder ou d'exercer leurs droits en France. L'échafaudage des garanties que le droit conventionnel international a conférées réciproquement aux écrivains ou artistes des États composant l'Union formée à Berne en 1886 dans un long document révisé en dernier lieu à Berlin, n'a pas sensiblement renforcé les avantages que les auteurs étrangers possédaient chez nous depuis le commencement du xix° siècle.

La loi des brevets d'invention du 5 juillet 1844 permet à l'étranger de protéger au moyen d'un brevet, tout comme s'il était Fran-

<table><tr><td>E. T.</td><td style="text-align:right">3</td></tr></table>

çais, l'invention d'ordre industriel qu'il a faite soit à l'étranger, soit en France (articles 27 et 29). L'étranger peut s'assurer de la même manière qu'un Français, la propriété de marques de commerce ou de fabrique dont il veut revêtir un produit sorti d'un sien établissement qui est en France (L. 23 juin 1857, art. 5). Et, si pour les produits de ceux de ses établissements qui se trouvent hors de France, l'étranger, comme le Français d'ailleurs, ne peut user chez nous du droit des marques et de l'action en contrefaçon qu'à la condition de l'existence de conventions diplomatiques (art. 6), on sait que tous les Etats vraiment importants sont, par la grande Convention de Paris du 20 mars 1883, revisée à Washington en 1911, réunis en une *Union* de protection de la propriété industrielle.

Grâce à cette *Union*, les marques appartenant aux sujets d'un Etat sont protégés dans chacun des autres Etats.

Et, en outre, l'arrangement pris à Madrid en 1891 entre un certain nombre de ces Etats formant une Union restreinte, arrangement révisé lui aussi à Washington en 1911, veut qu'un seul enregistrement au Bureau de Berne, qui est le siège de cette Union, assure la conservation de la propriété de la marque dans tous les Etat sont protégés dans chacun des autres Etats.

En poursuivant le dépouillement des textes, on s'aperçoit que la loi du 26 novembre 1873, qui institue et met à la portée des intéressés une marque extraordinaire revêtue du sceau de l'Etat, renferme un article 9 qui étend aux étrangers les dispositions touchant le nom commercial, les marques ou dessins et modèles moyennant un régime de réciprocité qui n'a pas besoin d'être international, ni de dériver d'un traité mais qui peut n'être que légal, c'est-à-dire découler seulement de la loi des étrangers rapprochée de la nôtre. Enfin, la concurrence déloyale, dont les textes de l'Union formée à Paris en 1883, soit les articles retouchés à Bruxelles puis à Washington visent la répression internationale à la faveur de ces traités, — pourrait bien être interdite déjà par le droit des gens au bénéfice de l'article 11, au profit des étrangers, tout au moins quant à la défense de leurs marchandises échangées sur notre territoire.

Au total, on ne voit pas que l'ensemble de cette règlementation place l'étranger sensiblement au-dessous de la position qu'occupe un Français.

Dans l'ordre de la *législation sociale*, on aboutirait à une constatation qui n'est pas très différente. L'étranger est souvent traité avec la même sollicitude qu'un Français. Faute d'avoir un domicile en France proprement dit, si un décret du chef de l'Etat n'est pas intervenu en sa faveur, lui manque-t-il ce « domicile de secours », duquel l'individu indigent tient les droits à l'assistance médicale gratuite, à l'assistance de vieillesse, ou à l'assistance aux grandes familles (loi du 14 juillet 1913) ? De même, dans les communes rurales le droit d'affouage lui serait-il refusé ? Peut-être ; je n'insiste pas. Mais l'assurance en cas d'accidents d'usine est accordée par la loi de 1898 contre le patron même à l'ouvrier étranger. Ce n'est que si l'accident, en le tuant, permet de liquider une pension à ses héritiers, non à l'ouvrier lui-même, ou si après l'accident il quitte la France, qu'on voit le législateur établir à l'égard de ces personnes quelques dérogations aux avantages dont bénéficieraient des familles françaises. On sait que des conventions internationales ont aplani ces différences. L'assurance des salaires contre la vieillesse ne fait peut-être pas jouer la pension de retraite aussi favorablement pour les étrangers que pour les Français, en ce que pour l'étranger n'apparaît pas la cotisation du patron, ni celle de l'Etat pour rendre la pension plus abondante. Mais voyez les prérogatives attachées aux membres des sociétés de secours mutuels, consultez la loi de 1898. Dans les sociétés libres, les étrangers sont admis au même rang que les Français. Ce n'est que dans la société approuvée qu'apparaissent quelques différences. Voyez la législation des syndicats professionnels. Les administrateurs de ces syndicats sont obligatoirement Français. Le syndicat lui-même peut être composé d'étrangers ; de même que l'association reconnue par la loi de 1901 peut contenir dans son sein des étrangers, une seule menace de dissolution par voie de décret s'adressant à celles de ces associations qui sont en majeure partie composées d'étrangers ou qui ont des administrateurs étrangers ou encore qui possèdent leur siège social à l'étranger (art. 12).

*
* *

Ayant achevé ce tableau que j'aurais voulu faire plus court, je pose maintenant cette question : allons-nous maintenir après la guerre au profit des étrangers (lisez au profit des Allemands et sujets des Etats qui voguent dans le même sillage) une législation aussi libérale ?

Si le législateur de 1804 a reculé devant l'application des principes dont son prédécesseur de 1789 était pénétré, et cela à la suite du refroidissement que les guerres de la Révolution avaient produit entre nos ennemis et nous, que dirons-nous du recul au-

quel nous oblige, pour la préservation de notre indépendance nationale, la guerre contemporaine avec la connaissance des intri-
gues et moyens perfides de pénétration que l'étranger a pendant
des années ourdis et ténébreusement réalisés sur notre sol ?

Allons-nous laisser les choses suivre leur cours, et ne rien
changer aux droits des étrangers ? Allons-nous reprendre ces
relations d'hier dont l'ennemi considère dès à présent le retour
après la guerre comme la chose la plus naturelle du monde ?

Ou bien attendrons-nous que notre jurisprudence, par un revi-
rement qu'il faudra alors réclamer à grands cris, change le sens
qu'elle donne depuis cent ans à l'article 11, et interprète dorénavant ce texte à la lettre ainsi que le proposait M. Demolombe,
mais sans les atténuations nombreuses acceptées par le Doyen de
la Faculté de Caen, si nombreuses que l'existence d'un texte décla-
rant les immeubles soumis à la loi française (article 3 C. civ.),
sous-entendait d'après lui le droit pour les étrangers d'être en
France propriétaires fonciers ?

Non. Il faut prendre une mesure plus hardie et poser tout au
contraire en principe que l'étranger (lisez l'Allemand) ne pourra
exercer de droits privés en France. Ce sera le contre-pied du système sous lequel nous avons jusqu'ici vécu à nos dépens.

Et ne nous effrayons pas de poser une règle trop réactionnaire.
Si nos voisins les Anglais devaient, par les mêmes motifs, reprendre leur législation du droit des étrangers dans ce sens restrictif,
ce serait pour eux remonter à peine de deux tiers de siècle en
arrière (et avec le correctif des traités diplomatiques dérogatoires).
Jusqu'au statut 7-8 de Victoria, ch. 66, les étrangers ne pouvaient dans le Royaume-Uni posséder à aucun titre de droit im-
mobilier.

L'acte de 1844 ne leur permit d'en acquérir que pour vingt-et-un
ans. Alors la naturalisation anglaise ne pouvait être conférée que
par un acte du Parlement, le Roi pouvant seulement par lettre
patente conférer la *denization*, état intermédiaire qui n'a pas encore entièrement disparu des mœurs britanniques, quoique ne présentant plus guère qu'un intérêt platonique. C'est le statut de Victoria 33, ch. 14 (12 mai 1870) qui, en autorisant la naturalisation
par décision du secrétaire d'État, après huit ans de résidence, a en
même temps assimilé l'étranger à l'indigène quant à la possession
mobilière ou immobilière à un titre quelconque (1).

Il n'y a donc pas si longtemps que les législations élevaient

____

(1) Cf. Lehr. *Eléments de droit civil anglais*, n° 39.

une barrière compacte dans le droit privé entre les étrangers et les nationaux.

On reconnaîtra bien à l'étranger dans ma doctrine un *minimum* de droits qui sont d'ordre élémentaire.

Les frontières du territoire ne lui seront point fermées, à condition que son séjour n'excède pas une certaine durée et n'emporte aucune attache territoriale.

Autrement, la physionomie du voyageur ne révélant pas sa nationalité, il serait nécessaire d'en revenir à la vieille pratique du passe-port diplomatique imposé à quiconque voudrait entrer en France. Je ne propose pas davantage l'imitation des systèmes suivis dans certains pays américains et tendant à empêcher l'entrée sur le territoire des *indésirables*.

Dans ce séjour temporaire, motivé soit par le goût des voyages et par la vue des sites, soit par le désir de s'instruire, il n'y a rien à reprendre.

La jeunesse allemande n'a pas gâté nos Universités de ses visites, probablement parce que, ayant fréquenté les siennes, il n'y avait plus grande utilité scientifique pour elle de se rendre dans les autres : forfanterie plus ou moins dédaigneuse.

En revanche, les étrangers viennent dépouiller nos archives, avec cet orgueil qui leur fait dire que sans eux notre histoire nationale ou régionale, basée sur les recherches épigraphiques, demeurerait en friche.

Laissons-les prendre contact avec nos chartes, alors même qu'ils devraient par des truquages ou par de subtils rattachements les faire tourner à la gloire de leur Allemagne. A leur laisser visiter la France il faudra nécessairement joindre le droit pour eux de pourvoir à leur vie physique et alimentaire, de faire les contrats courants qui ont cette vie pour effet, y compris de prendre des appartements en location pourvu que ce soit pour un temps limité, de traiter des achats mobiliers, à plus forte raison de se placer sous la protection des lois qui garantissent l'homme contre toute attaque menaçant sa personne ou ses biens.

Que l'étranger vienne même épouser une Française pour l'emmener dans son pays ; la loi n'a pas à s'ingérer dans les questions d'inclination.

Mais élargir davantage le cercle, serait nous faire retomber dans les gros périls auxquels notre nation vient d'échapper comme par miracle. C'est sur la question de résidence principalement qu'on devra se montrer sévère, et obtenir que les pouvoirs publics tiennent la main aux interdictions dont il s'agira de frapper désormais l'étranger n'ayant ni décret individuel d'admission à domicile ni traité international dont bénéficieraient alors d'autres sujets du même État que lui.

Car la résidence prolongée, c'est le poste d'écoute, c'est le survol de l'avion d'observation, c'est le rôle de l'agent du guet, c'est l'espionnage.

Point de propriété immobilière ; pas même de baux à long terme.

Point de droit de succéder ou de recevoir une donation ou un legs : il faut faire revivre les articles 726 et 912.

Aucun exercice professionnel, qu'il s'agisse d'être maître ou subordonné. Aucun établissement commercial, industriel, agricole, aucune succursale ne doit lui être reconnue dans les limites de notre territoire, par quelque personne, étrangère ou française, qu'il les ferait administrer.

Au besoin, l'autorité procèdera à la fermeture *manu militari* de ces maisons, sans qu'il soit besoin d'un titre judiciaire d'exécution.

Il y aura peut-être des prête-nom, des compères, des gens de paille pour remplir ce rôle.

Soit ; en attendant, on sera en présence d'une règle prohibitive, et il faudra commencer par l'enfreindre.

L'armateur étranger (allemand) n'aura plus le droit de faire décharger des passagers ou des marchandises dans nos ports, ceux-ci fussent-ils des ports d'escale ; les paquebots de la *Hamburger Amerika* ne mouilleront plus dans les eaux de Cherbourg : programme qui va naturellement faire frissonner les économistes dénonçant l'ancien régime de l'Acte de Navigation en vigueur sous la Convention, comme digne de toute réprobation !!

Ce programme d'interdiction doit-il être poussé tellement loin, que l'étranger (lisez l'Allemand) ne pourra même pas négocier des opérations sur marchandises, sur titres ou autres, depuis le pays étranger d'où il est originaire ? Tout contrat fait par lui à travers la frontière, toute convention se localisant par hypothèse en France, vont-ils lui être fermés ? La défense pour l'étranger de siéger en France va-t-elle se compliquer de la défense pour les produits de l'étranger de se placer en France ?

Ce serait, je crois, dépasser la mesure de prudence que les événements d'hier nous obligent à prendre pour la sécurité de demain. Ici, d'ailleurs, interviennent d'autres facteurs de nature économique qui auront sur le relèvement de la France et de ses alliés une très grande influence. Je passe sur un problème qui sera extrêmement brûlant quand viendra l'heure des tractations de la paix, plus brûlant peut-être que les questions de restitutions territoriales elles-mêmes. Ne pouvant entasser dans cette dissertation les difficultés les unes sur les autres, je dois me borner à des appréciations sommaires.

L'Allemagne, même vaincue, tiendra énergiquement à reprendre sa situation économique d'avant la guerre.

L'industrialisme effréné, qui a fait sa richesse pendant ces trente ans et lui a fait perdre aussi la tête, la rendra très tenace dans ses prétentions. Et cependant, d'autre part, les alliés ne pourront pas lui permettre de rentrer immédiatement avec eux en rapports de commerce, à quelque condition de tarif que ce soit.

Il faudra suspendre pendant quelques années toutes relations d'affaires avec elle.

Les pays envahis, France et Belgique, ont besoin de cette suspension des rapports commerciaux plus encore que les autres alliés ; ils doivent trouver dans ces alliés un appui quant à cette demande de sursis destinée à retarder la reprise des relations.

L'Allemagne a conservé son outillage industriel intact. Elle l'a renforcé de toutes les machines dont elle s'est emparée dans les pays envahis et qu'elle a transportées chez elle. Nous autres, nous aurons besoin de longs mois pour reconstituer notre matériel détruit, et nous mettre en mesure de reprendre nos relations de clientèle. Pour le matériel de la marine marchande, ce sont tous les alliés sans exception et même les neutres qui, par suite des torpillages obstinés des sous-marins, auront besoin de se reconstituer, alors que les bâtiments allemands sont restés sans péril dans les eaux de leur nation. Je suis obligé de négliger cette cause nécessaire de retard dans la reprise des rapports commerciaux avec les États ennemis : je parle d'un avenir, différé de trois ou quatre années environ. Mais ce délai écoulé, il faudra que les relations reprennent, et qu'on n'y oppose plus d'obstacle juridique.

Interdire pour l'avenir aux États ennemis de conclure des marchés à négocier par la poste, par le télégraphe, même par des représentants français, pourvu que ce ne soient ni des agents de la maison étrangère n'opérant que pour elle ni des voyageurs venant exprès de l'étranger pour alimenter périodiquement la clientèle française ; poser une semblable interdiction, cela reviendrait à édicter, au point de vue douanier, un régime prohibitif de toute importation.

Ce régime se retournerait contre nous-mêmes, puisque, par rétorsion, l'étranger refuserait d'accueillir nos marchandises à nous,

Le commerce doit revivre même avec les pays ennemis, après la guerre, à la suite d'un certain temps d'arrêt, dût le tarif qu'on appliquera à leurs importations être plus élevé que celui que nous consentirons à nos alliés ou aux neutres. En 1912, l'ensemble de notre commerce extérieur se chiffrait par 7 milliards 950 millions, par 6.636 millions d'exportations. Nous vendions à l'Allemagne pour 811 millions, alors que nous lui achetions 981 millions de produits, soit environ 12 1/2 p. 100 de notre trafic international de part et d'autre.

Pour l'Allemagne, malgré les grands progrès qu'avait réalisés cet Empire depuis quinze ans dans ses exportations, la balance de son commerce avec la France ressortait ainsi à parité ou du moins l'excédent de ses ventes sur ses achats ne paraissait pas, quant à nous, devoir prendre de sitôt des proportions inquiétantes.

Un pays, qui a grand besoin de se refaire après d'aussi dures saignées, ne peut pas de gaieté de cœur renoncer à écouler 900 millions de ses produits par an. Les connaisseurs dans la partie ont déjà fait observer que le pays qui a les houilles (l'Allemagne) et le pays qui a le fer (la France en supposant qu'elle récupère le bassin de Briey ce qui doit être et qui sera), ont besoin de s'entendre pour l'échange du produit minier et du produit sidérurgique, industries solidaires l'une de l'autre.

Or, tout s'enchaîne dans cette matière. Si l'on admet l'achat du produit étranger, son entrée et sa vente, en France, il faut reconnaître au producteur le droit de faire protéger son nom et sa marque en France. Et quant à craindre que l'on en vienne de nouveau à duper la douane par de fausses marques de provenance habilement dissimulées, sans doute le péril sera réel, moins cependant qu'il ne l'était hier, lorsque le destinataire du produit allemand était non un dépositaire français, mais une maison allemande, agissant de connivence avec l'expéditeur. Les Conventions internationales qui ont créé les Unions postale et télégraphique, l'Union des transports par chemin de fer (Convention de Berne de 1890), même l'Union de la propriété industrielle de 1883 : ces conventions, suspendues ou résiliées par la guerre entre les États belligérants, devront renaître, plus ou moins retouchées, même dans nos relations avec nos ennemis d'aujourd'hui lorsque la guerre aura pris fin.

Je n'en dirai pas autant, bien entendu, de la clause assimilant les étrangers aux Français d'une manière générale, ni de la clause de la nation la plus favorisée.

DEUXIEME PARTIE

Les Sociétés.

L'ébauche de ce tableau général est maintenant terminée. Je demande au lecteur de vouloir bien suspendre jusqu'après la partie qui va suivre son appréciation sur le point de savoir si cette étude a dans la présente monographie un défaut de hors-d'œuvre ou de pure diversion. Je suis en tout cas persuadé qu'il faut passer du simple au composé, que courir de suite à la détermination du droit dont les sociétés étrangères doivent être investies en France, ou à celle du *criterium* qui permettra de savoir si telle société est étrangère ou française, c'est procéder selon une fausse méthode, et exposer la discussion à ce très gros inconvénient de manquer d'une assise ferme, de rester en quelque sorte suspendue en l'air avec un objectif de controverse fuyant ; car, dans le thème débattu, celui-ci voit surtout tel point spécial à résoudre, lorsque celui-là y voit un autre point.

Pourquoi traiter autrement le groupe que l'individu, la société que le simple particulier ? La pénétration en France de la société étrangère n'entraîne-t-elle pas même nature de périls que celle qui provient de la manière dont l'étranger s'insinue en France, péril renforcé sans doute du fait que la société a généralement de plus gros capitaux et que derrière ces capitaux se dissimulent les hommes, ce qui rendra la contre-partie moins défiante ? Toutefois, le péril étant au fond le même, il importe de prendre de part et d'autre le même genre de précautions. Établir un cordon sanitaire pour préserver la France de la contagion d'une société étrangère, c'est bien. Mais ne pas avoir commencé par établir ce cordon contre l'entrée des individus, ce serait faire une œuvre bancale, ou, si l'on préfère, avoir jeté une barrière au centre, en laissant sur les côtés des poternes ouvertes par lesquelles passera l'être que l'on croit malfaisant, non plus en colonne, mais homme par homme, ce qui n'est guère plus rassurant.

A dire immédiatement ma pensée, la société française doit être libre ; mais la société étrangère (lisons la société allemande) doit être exclue en France du bénéfice des droits pécuniaires de tout ordre, sauf ceux qu'on reconnaîtrait à un individu. Ce qui signifie surtout l'exclusion de tout siège en France même, sans atteinte portée au droit de conclure des affaires avec les Français depuis le pays étranger, depuis le dehors.

Cette exclusion elle-même tombera par suite. d'un traité diplomatique conclu ou à conclure avec la puissance française par la puissance dont dépend la société désireuse d'avoir libre accès chez nous. Elle pourra alors valablement agir en France, y fixer un siège, y ester en justice, à la condition de s'être constituée et administrée en conformité de la loi de son pays.

Voilà pour la capacité. Quant au signe qui permettra de reconnaître la nationalité de la société, c'est à la nationalité de ses membres, les associés ne fussent-ils qu'actionnaires, que se reconnaîtra cette nationalité. Je demande à commencer par l'étude de ce second point de mes appréciations.

*
* *

L'élément constitutif de la nationalité d'une société doit être, de la part du législateur à venir, tout autrement fondé qu'il ne l'a été jusqu'ici dans notre doctrine et notre jurisprudence. Il y, a sur ce point à réaliser une réforme de première importance, toujours eu égard à la nécessité impérieuse pour la France de ne plus subir l'emprise des maisons, en réalité allemandes, et qui trouvaient jusqu'à présent le moyen de se faire traiter en maisons françaises. Pour accomplir ce changement d'orientation, il suffira de se pénétrer de la réforme qu'on aura réalisée d'abord dans la condition de l'étranger individu. On va voir à quel point les deux questions sont connexes et solidaires.

Il a généralement été admis jusqu'à présent, qu'une société, tant par intérêts que par actions, tirait sa nationalité du lieu de son siège d'affaires, du centre où opèrent ses administrateurs, où se réunissent ses assemblées générales. Suivant ce *critérium*, est française, avec plénitude de capacité, avec admission en libre pratique, toute entreprise ayant son siège social en France, pourvu que ce siège ne soit pas purement fictif. Elle se constituera en conformité de notre loi de 1867 si elle est par actions, et voilà tout. Aucun autre facteur ne doit intervenir pour la traiter comme étrangère : ni la nationalité des associés, ni même celle des administrateurs, ni, dans l'opinion la plus communément acceptée, le territoire sur lequel se développe son exploitation, fabrique, mine, bassin ou port d'attache.

Cela mène à ce résultat très choquant de prime abord, que deux individus qui étaient restés Allemands aussi longtemps qu'ils exploitaient séparément le même genre d'industrie à Paris, feront sortir d'une société en nom collectif qu'ils souscriront ensemble dans la même capitale un être français.

Ils ont dépouillé leur nationalité individuelle par une sorte d'action magique, rien qu'en se réunissant. Ce sont deux armateurs de Hambourg ; ils deviendront une société *française* d'armement, libre de faire naviguer des bateaux sous notre pavillon, avec port d'attache établi en France, le jour où ils se fondront en une société navale avec siège pris à Paris ou au Hâvre. Avant la loi sur la marine marchande du 7 avril 1902, cette société aurait même pu prétendre à l'allocation de primes à la navigation sur notre budget ; car ce n'est que l'article 1er de cette dernière loi qui a fait cesser ce scandale, là où la majorité des administrateurs ne seraient point Français.

*
* *

Cette constatation peut passer pour étourdissante.

La science et la pratique du droit en étaient cependant venues là. Comment cela ?

Par le jeu d'un raisonnement de pure scolastique. Faute de pouvoir baser la nationalité sur la descendance de famille et sur le *jus sanguinis*, ainsi que cela a lieu pour les individus, on s'est rabattu sur le *jus soli*, sur le domicile. Il y a, en effet, des cas où, faute de pouvoir fonder la nationalité sur la génération physique, on a dû subsidiairement l'établir d'après le domicile. Le domicile est devenu le surrogat de la nationalité, et ce domicile se trouve au siège social.

Comment ! On n'a pas pu l'établir, cette nationalité, sur la génération physique ? Mais ces individus, réunissant leurs forces, sont des êtres en chair et en os dont on connaît la famille, la provenance !

C'est peu connaître la scolastique que la croire apte à entrer dans un tel raisonnement. La société, réplique-t-on, n'est pas une addition, un cumul d'individus. Elle forme une personne morale, et les associés s'absorbent dans cette personne, ils disparaissent et ne laissent place qu'à un être de pure raison. On me dit : Ces deux Allemands, tant qu'ils agissaient isolément l'un de l'autre, manquaient, du moins suivant votre programme sévèrement réformateur, des conditions requises pour faire chacun des actes en France. Mais la pleine capacité leur advient par le fait de leur réunion. Cette réunion les a absorbés, au lieu de les maintenir respectivement l'un et l'autre en la position de droit ou plutôt d'absence de droit, dans laquelle ils se trouvaient avant de se joindre !

Il ne faut pas cependant abuser de la personnalité morale. Des auteurs étrangers tels que le professeur Manara de Gênes, dans un gros ouvrage fort intéressant, en ont même entièrement contesté l'existence. Plus d'un jurisconsulte français est dans les mêmes idées, s'il n'y paraît rien dans les décisions de notre jurisprudence.

Cette personnalité est une fiction destinée à mieux faire jouer les articulations d'une société dans les actes judiciaires ou extra-judiciaires qu'elle aura à accomplir. Dans la réalité, la société est un couple d'individus, le couple ne doit pas avoir plus de prérogatives que n'en dispose chaque individu composant.

Et la condition juridique de ces individus se communique au couple qui en est la somme.

Parler de nationalité pour une société, pour un être fictif, c'est commettre un non sens, du moins lorsque l'on prend le mot au pied de la lettre.

M. le député Landry, à la suite de M. le professeur Pillet, à raison de soutenir qu'il y a entre l'idée de nationalité et celle de personne fictive ou abstraite, une impossibilité d'adaptation, une antinomie. La nationalité procède de la famille agrandie. L'histoire et la sociologie nous apprennent que l'Etat s'est constitué par agglomérations consécutives de familles isolées d'abord, puis confédérées. Le compatriote est un frère. Pas plus qu'une société ne possède un statut de famille, ne peut être mère, fille, tutrice, pas plus elle ne saurait prétendre au statut sous lequel les individus d'une même nation sont placés. La nationalité est faite de traditions, de mœurs communes, d'un esprit propre aux hommes qui font partie de l'Etat, différent de l'esprit des autres Etats, des autres races. Tout cela sonne à faux lorsqu'on veut qu'une personne fictive en donne l'expression.

La nationalité est affaire de psychophysiologie, elle n'est accessible qu'à des êtres pourvus d'un organisme biologique, qu'aux hommes.

D'où se dégage donc la notion qu'une personne est française, anglaise, etc.? De la détermination nationale du sujet des droits exercés, c'est-à-dire de celui au profit ou au risque de qui s'accomplissent les opérations dont la validité dépendra de ce *critérium* national. On dit que c'est le domicile qui fait la nationalité. Dès qu'on a voulu mettre cette formule à l'épreuve de notre sécurité de Français, elle s'est évanouie.

Affranchir de l'interdiction de trafiquer avec nous pendant la guerre en France, exempter de la désignation française d'un séquestre judiciaire une société, par cela seul qu'elle a son siège sur notre sol, et quoiqu'elle obéisse manifestement à une impulsion allemande, donc ennemie, pareille thèse n'a jamais pu tenir debout un seul instant. Sans tarder, juges de référés et tribunaux correctionnels se sont vus dans la nécessité de virer de bord et de chercher à la nationalité d'une société un autre fondement que celui qu'on lui avait prêté à tort depuis de longues générations.

Admettre une société pour française parce qu'elle a son siège en France ! Quelle étrangeté ! C'est justement parce qu'elle siège chez nous, qu'on la suspecte de ne point servir la cause de notre patrie, si elle a des hommes étrangers dans son sein. Autrement dit, on fait de la politique à la gribouille, on se plonge dans la rivière pour éviter la pluie.

Le groupe des associés se compose d'individus qui ont une nationalité : celle-ci se communique au groupe. Sans vouloir tirer plus de vanité qu'il ne convient de la prévision que j'avais, il y a vingt-sept ans déjà (1), d'une orientation future que prendrait la science du droit en cette matière, je me donne le bon point d'avoir été le premier chez nous à soupçonner l'acceptation que feraient nos successeurs d'une thèse qui exigerait la qualité de Français, sinon de tous les associés, du moins de la plus grande partie des membres d'une société, pour que celle-ci pût se dire française. Sans doute, la question de nationalité dépendait dans mon esprit d'un programme de nationalisme. Je ne prévoyais point la guerre, mais je me laissais influencer par la règle du droit maritime qui ne reconnaît un navire pour français qu'à la condition d'appartenir pour moitié à des Français : le navire, c'est l'agent qui nous amène nos troupes coloniales, et nous assure notre ravitaillement, lorsque nous sommes aux prises avec l'ennemi, mais ce peut être aussi le traître, l'espion, prenons-y garde.

Cela dit, qu'on n'abandonne pas pour autant la terminologie courante. Elle est commode. Une société est française, anglaise, etc...

Mais qu'on se dise aussi que c'est là une formule purement elliptique : C'est une société existant entre Français, entre Anglais, etc. Ne dit-on pas de même dans le langage courant, au retour d'une station de plaisance : « Aux bains de N., le mois dernier, se trouvait une société anglaise, italienne » etc., qualifiant

____

(1) *Annales de Droit Commercial,* année 1890.

par là une société composée d'Anglais ou d'Italiens » ? La langue courante n'est pas toujours un parler vicieux (1).

***

Vouloir qu'une société soit composée de Français pour être française et, surtout avoir la preuve que cette condition est réalisée, n'est pas sans doute chose facile. Pour une société en nom collectif ou en commandite simple, pour une société civile, la condition des associés peut se connaître sans grande recherche. Mais pour une société par actions, pour une société anonyme, on va se trouver en face d'assez gros obstacles.

D'abord on ne devra pas pousser la rigueur jusqu'à exiger que tous les actionnaires sans exception soient Français : il suffira que cette qualité soit donnée par un nombre d'actionnaires composant plus de la moitié du capital social, peut-être les 2/3 de ce capital. A la Chambre de Commerce de Paris on a pensé qu'il serait à la rigueur suffisant d'une minorité représentant par exemple le quart du capital ; c'est un taux beaucoup trop faible, un tel vœu est inacceptable, la société sera aux mains d'un groupe imposant de porteurs étrangers de titres qui feront la loi. Qu'on soit conséquent ! Est-ce la majorité qu'on veut ? Alors qu'on n'hésite point à l'exiger ! Ou tout au moins, que la moitié plus une des actions soit entre les mains françaises. Autrement, je le répète, le parti français sera très facilement débordé.

Mais voici qu'intervient une objection extrêmement grave qu'on traitera d'insurmontable. Elle est tirée de la forme du titre, de la liberté que possède la société de convertir ses actions en titres au

(1) La nécessité impérieuse de cette thèse pour la sauvegarde de l'indépendance du pays où opère la société, ressort bien du passage suivant d'un article de Bertolo Belotti, dans la *Nuova Antologia*, que reproduit le *Journal des Débats* du 27 mai 1917 : « L'étranger se met sur la figure un masque italien, grâce auquel il s'assure des propriétés mobilières, domine le marché des titres commerciaux et l'oriente vers son but, fonde des entrepriss industrielles pour créer des emplois qui lui servent à placer des espions ou des agents à sa solde. Sous les yeux du fisc il multiplie toutes les petites sociétés financières, en apparence italiennes, pour payer moins d'impôts ; mais les capitaux sont formés par de puissantes banques étrangères, et qui réalisent de larges bénéfices. *Grâce à leur étiquette indigène vivent, s'infiltrent, et prospèrent partout les entreprises de la nation qui nous est la plus hostile*, et elles osent faire valoir leurs droits de sociétés italiennes devant nos tribunaux. »

porteur dès qu'elles sont libérées. Derrière le masque du titre au porteur se cacheront des quantités d'Allemands.

Cependant l'objection n'a pas à mes yeux l'importance que beaucoup lui attribuent. Et, pour tout dire d'un mot, la suppression par la loi de l'action au porteur n'a rien qui m'épouvante. Ici apparaît toutefois une thèse incidente, qui trouve des partisans sérieux, paraît-il, à la Chambre de Commerce de Paris. J'avoue ne pas comprendre que cette thèse ait pu s'accréditer. On soutient que la nécessité de la nationalité individuelle française chez les associés, ou chez un groupe sérieux d'associés, n'est pas incompatible avec le maintien de la forme au porteur à côté de la forme nominative, voire avec la prise de la forme au porteur par tous les titres d'actions si tous les actionnaires sans exception témoignent leur préférence pour cette forme, masquant cependant l'individualité du bénéficiaire d'une manière absolue.

M. Jouanny, accueille cette manière de voir. Elle n'est pas sans provoquer quelque surprise. Un certain nombre d'actions, allant du n° 1 à 100,000 par exemple, représentant la moitié du capital, tout en étant au porteur ou en pouvant l'être, seraient frappées d'une estampille, à la teneur de laquelle ces titres ne pourraient appartenir qu'à des Français. Les autres actions non estampillées appartiendraient à des Français, ou à des étrangers indifféremment, au hasard des circonstances.

J'avoue ne pas comprendre la garantie que donnerait un tel estampillage.

On veut dire probablement que les titres ainsi frappés d'un timbre ne pourraient être aliénés qu'à des Français. En ce cas, la responsabilité des professionnels serait engagée s'ils ne s'assuraient pas de la nationalité des acheteurs, leurs clients. On les obligerait à assumer une responsabilité très grave que le marché des intermédiaires hésiterait probablement beaucoup à prendre à son compte. Puis cela n'empêcherait pas les agissements de compères ; les achats par gens de paille, dont les intermédiaires eux-mêmes seraient dupes. Enfin, même le titre étant resté aux mains d'un Français, rien ne s'opposerait à ce que son possesseur, au jour de l'assemblée générale, le fît déposer par un compère, qui voterait à sa place. Ou bien, on devrait exiger un *affidavit* à chaque dépôt de titre.

Que de complications ! Il faut prendre la question résolument de front et dire : Si la nationalité française doit être prescrite chez les porteurs de titres, à concurrence de moitié, peut-être des 2/3 du capital social, la forme au porteur doit être absolument abolie, non pas seulement pour cette quotité, mais pour l'intégralité du capital. A la transmission de ces actions il adviendra ce qu'il pourra. L'aliénation se fera au grand jour, le nom et la nationalité de l'acquéreur étant connus. Le jour où la majorité cessera d'être aux mains des Français, la société tombera en liquidation ou en nullité si l'on préfère.

Cette suppression de la forme au porteur, indispensable à mes yeux pour le fonctionnement du système de protection des sociétés contre l'invasion des étrangers dans notre vie sociale, nationale et économique, est une réforme qu'il faudra du reste accomplir un jour ou l'autre, maintenant que le régime de nos impôts directs est transformé, révolutionné même dans sa base séculaire.

Les évasions fiscales, que le titre au porteur rend si faciles dans les déclarations de succession, vont se multiplier dans l'application de l'impôt général et progressif sur le revenu.

Voici cependant un autre aspect du sujet, qu'on ne peut négliger. C'est une phrase banale de répéter que la circulation mobilière sera désormais entravée, lorsque le titre au porteur disparaîtra. Avec une proposition de réforme, on va tuer le marché.

La pratique financière des Bourses anglaises démontre cependant que cette crainte n'est pas justifiée.

On sait que le titre nominatif a toutes les faveurs de la législation britannique ; cependant le *Stock Exchange* de Londres ne passe point pour souffrir de la rareté ou de l'absence de la forme au porteur. En France même, les hommes de Bourse conviennent que ni le marché au comptant ni le marché à terme ne recevraient, du fait de cette réforme, un amoindrissement sensible d'affaires, ni même un retard sérieux dans l'exécution des opérations. Le marché à terme notamment offre une chaîne de marchés se soudant les uns aux autres d'une liquidation à la liquidation suivante, et se balançant périodiquement par des compensations, sans livraison effective de titres, si ce n'est peut-être quant au premier transfert que l'on devra faire au nom du reporteur venant à l'expiration du premier mois apporter son concours de capitaliste aux deux spéculateurs à intérêts contraires.

La résistance à la suppression de la forme au porteur viendrait plutôt chez nous du milieu des bureaux de transferts dans les sociétés. Là le contrôle de la légitimité de la transmission du titre demande, notamment en cas de succession ou sous les divers régimes matrimoniaux, une très grande attention, avec une sanction de responsabilité qu'on aime mieux pouvoir éviter. Mais j'estime qu'on sera amené à dominer cette opposition, parce que les temps sont venus où la forme extérieure des valeurs ne peut plus se réclamer d'un désir d'anonymat.

Observation incidente : je ne parle que des actions. Les considérations fiscales qui viennent d'être produites au sujet de la convenance qu'il y a de frapper à mort la forme au porteur, s'étendent bien à toutes les natures de valeurs et notamment aux obligations. Cependant la théorie que je prétends défendre, au sujet du signe de nationalité d'une société, n'a nullement pour résultat d'exiger que les obligataires d'une société française soient eux-mêmes Français. Pas plus les obligataires que les porteurs de parts de fondateur, n'influencent la marche de la société, du fait de leurs personnes et de leurs votes. Ce ne sont pas eux qui sont les sujets des droits de la société ; ils ne concourent pas aux délibérations de l'assemblée générale, à la désignation des administrateurs. Si une société française trouve avantageux pour elle de faire appel au capital auxiliaire qui lui proviendrait d'Allemagne afin d'étendre ses affaires, il n'y a pas de motif de le lui interdire, lorsque c'est par la voie d'une émission d'obligations que cet argent doit lui advenir (1).

*
* *

Mais. — justice étant rendue à l'objection d'après laquelle la forme du titre au porteur met obstacle à la réussite de la thèse nouvelle qui attribuerait à la société la nationalité de ses membres, de ses actionnaires ou de la moitié de ses actionnaires, d'après laquelle, par conséquent, cette forme au porteur doit être supprimée. — il demeure pourtant un doute à aplanir sur le moyen pratique de s'assurer que les actionnaires sont bien Français. Une preuve directe et absolue de cette nationalité française est impossible à obtenir, convenons-en. Il faudra se contenter d'une présomption tirée de la déclaration que fera l'actionnaire de sa nationalité dans son bulletin de souscription ou dans son acceptation de transfert, déclaration dont la sincérité pourra être sanctionnée d'une amende et même de l'emprisonnement. Se souvient-on de la pratique de l'*affidavit* imposée aux porteurs de la rente extérieure espagnole qui voulaient se faire payer en or les coupons de leurs titres ?

---

(1) En Allemagne, c'est le contraire : les obligations au porteur ne doivent être mises en circulation qu'avec le consentement de l'Etat (§ 795 Code civil). L'action, au contraire, peut être mise au porteur après son entière libération, par cela seul que les statuts le permettent ou ne l'interdisent pas.

Pourquoi ne pas prescrire en outre, sous une sanction de même nature, que ces bulletins ou acceptations seront datés d'un lieu de France, à peine pour la société de ne plus disposer de la prérogative des sociétés françaises ? Cela, il est vrai, ne sera point de vérité péremptoire, surtout en songeant qu'une souscription recueillie à l'étranger peut, en fait, porter la mention du lieu de France d'où le banquier l'a sollicitée, que chaque jour arrivent à la Bourse de Paris des ordres d'achats d'actions partis de l'étranger et qui se réaliseront par des transferts où Paris sera signalé comme place d'exécution.

Toutefois le concours de ces deux conditions paraîtra de nature à offrir des garanties pour que dans le capital social ne se glissent pas subrepticement la finance et l'épargne étrangères : tel est le but vers lequel il faut tendre.

*
* *

On m'excusera d'appuyer sur ce côté pratique du problème ; on n'a, de toute manière, point le droit de l'esquiver.

La société anonyme constitue son capital d'origine, ainsi que ses augmentations ultérieures, suivant des procédés financiers qui sont aujourd'hui le plus fréquemment employés, par la voie des syndicats d'émission.

Des banquiers se groupent pour prendre ce capital et pour le placer dans leur clientèle respective.

Tantôt ils procèdent comme mandataires en stipulant une commission de placement. — Tantôt ils se font attribuer les actions à eux-mêmes, en se proposant de les revendre au-dessus du pair par l'action combinée des membres du syndicat. — Tantôt ces deux procédés sont employés concurremment, les banquiers ne prenant à leur nom que le solde des actions qu'ils ne seraient point parvenus à placer par mandat ou par voie de commission, dans le délai que la société en voie de formation ne peut dépasser dans sa procédure constitutive sans nuire à son succès : il faut que la liste des souscriptions soit entièrement couverte dans ce délai. Le syndicat mérite bien en pareil cas le nom qu'il se donne de syndicat de garantie, et les titres non placés dans le temps assez court pour la formation définitive de la société ne pourront être rétrocédés par les banquiers à leurs clients retardataires que moyennant une opération de transfert, assez coûteuse ainsi que l'on sait.

Mais, de quelque manière que se passent les choses : souscriptions ou transferts, liste notariée d'actionnaires qui conserveront leurs titres, ou liste de banquiers qui revendront ces titres, il sera possible de tenir la main à ce que la société recrute ses membres dans le cercle de l'épargne et de la finance françaises si elle veut pouvoir s'intituler française elle-même, à ce qu'elle se documente au moyen de pièces qui témoigneront de cette origine de composition.

Cependant, l'introduction des actions sur le marché français peut se produire autrement, et cela non pas lorsque la société se fonde, mais plus tard, alors que son personnel originaire était bien Français, mais court maintenant grand risque de devenir étranger. C'est par l'admission de la valeur à la Bourse et par la circulation dont elle va être l'objet moyennant le ministère d'agents de change ou de coulissiers, que cette transformation de personnel peut se produire, et du même coup une transformation dans l'orientation nationale que l'entreprise recevra.

Dans le système actuellement en vigueur, une société change de nationalité en transportant son siège à l'étranger par délibération de son assemblée extraordinaire. Mais dans le système nouveau cette « dénationalisation » résultera de l'acquisition des actions par des étrangers le jour où la majorité d'entre elles cessera d'être aux mains françaises.

Si notre loi de 1867 exigeait que la liste des actionnaires fût l'objet d'un dépôt renouvelé chaque année au greffe, et que sur cette liste la nationalité affirmée dans chaque acceptation de transfert fût inscrite en face du nom du titulaire, le moyen de porter à la connaissance du public le changement survenu dans la composition du personnel social, et ce changement de nationalité de l'entreprise seraient rendus pratiques et tout à fait notoires.

Or, qu'elles sont malheureusement nombreuses, et cela non seulement en France mais en Italie, en Belgique et en quantité d'autres États, les entreprises par actions qui s'étaient montées à l'origine sous la rubrique nationale avec des souscripteurs indigènes, et qui, par le jeu d'opérations de Bourse dont la finance allemande a su régler le mouvement avec le concours mystérieux que lui imprimait la forme au porteur, sont, suivant l'expression courante, tombées depuis vingt ans « sous le contrôle » de banques germaniques, et par là même devenues des « filiales » de grosses maisons allemandes prises désormais sous la dépendance de l'Allemagne !

Tout cela se fait sournoisement, sans révélation externe, à la manière d'où la Kultur allemande tire sa force, et les États dans lesquels ces entreprises fonctionnent se sont trouvés pris sans le savoir dans un lacet d'influences destinées à la longue à les dissoudre pour le plus grand éclat de la nation qui a Berlin pour capitale. Ces manœuvres vont-elles reprendre après la guerre ? Auraient-elles été possibles avec une organisation internationale des sociétés par actions obligeant celles-ci à hisser leur véritable pavillon ?

⁂

Qu'à cette réforme considérable, mais à mes yeux salutaire entre toutes, qui consistera à n'accueillir comme françaises que les sociétés composées de Français, faudra-t-il ajouter une deuxième et même une troisième réformes ? Une deuxième, la qualité de Français chez les administrateurs ou dans la majorité de ceux-ci, ainsi que le propose M. Lyon-Caen ? Une troisième la fixation du siège social en France, et qui est d'ailleurs la condition actuellement requise ? Examinons.

Pour ceux de mes lecteurs qui voudront bien suivre rigoureusement le fil de mes propositions en les prenant d'un bout à l'autre, et cela en partant de la condition des individus pour passer ensuite à celle des sociétés selon un raisonnement logique, apparaîtra la parfaite inutilité d'exiger que les sociétés françaises composées de membres français soient en outre gouvernées par des Français. Ou, pour parler plus exactement, cette condition se trouvera implicitement réalisée par le fait même de mon programme d'ensemble.

Que des Français, disposant d'une majorité de vote, désignent des étrangers pour administrer leur entreprise, cela peut sans doute se voir. En Roumanie, dans un Etat dont la loi veut que les sociétés indigènes soient administrées par des citoyens roumains, il s'est créé des filiales de sociétés étrangères qui ont déféré extérieurement aux prescriptions de la loi roumaine, en se donnant des Roumains hommes de paille pour administrateurs. Et cela n'est pas pour incriminer la conduite des prête-noms dans ce petit Etat plutôt que dans les autres. Les mêmes faits se rencontrent en France, en Italie, et ailleurs, pour des filiales allemandes, dont la nationalité des administrateurs ne révèle pas celles des maisons possédant la majorité des actions. Partout on rencontrera des hommes qui pour de l'argent mettront vite leur conscience en règle avec les devoirs de leur patriotisme. Mais je ne crois pas qu'on doive ici user de sévérité.

Lorsqu'une société qui est française grâce à la nationalité de ses membres, veut par ailleurs se donner des administrateurs étrangers, pourquoi le lui interdire ? Après tout, peut-être seront-ce là d'excellents agents, des agents meilleurs que ceux que la société trouverait dans son propre sein.

Mais voyons quelle réserve s'imposera à ce choix d'administrateurs étrangers, par la force même des choses. Prenons une société française.

Les administrateurs non Français qu'elle se donnera ne pourront pas être des Allemands, des individus ressortissant à un Etat avec lequel la France n'aura pas conclu un traité diplomatique pour accueillir personnellement ses sujets à l'exercice des droits privés en France. Etre administrateur, c'est faire un acte juridique en France, y accomplir un mandat. Ceux-là seuls pourront être investis de ce titre social, qui disposeront individuellement de la faculté de remplir un rôle de droit en France. Le péril de voir l'affaire verser du côté de la nation que nous tenons en soupçon disparaît dès l'instant que les hommes de cette nation seront écartés, par le fait de leur condition propre, de la représentation d'une société comme au surplus de toutes autres entreprises à réaliser en France. Ces administrateurs seront des Belges, des Italiens, des Anglais. Qu'importe ? Soyons plus aimables, disons tant mieux.

*
* *

Je repousse cette deuxième condition, comme étant surabondante. Il me reste à donner un avis sur la troisième, sur le maintien qu'on imposerait aux sociétés françaises d'avoir leur siège en France. Bien que ne considérant pas cette localisation sur notre territoire du pouvoir dirigeant de la Société comme essentielle, j'estime que cette condition ancienne peut-être conservée, se superposant à la conditions nouvelle d'un personnel d'associés français.

Le siège social détermine le tribunal devant lequel seront portés les procès relatifs à la constitution de la société, au fonctionnement de l'entreprise, à sa validité. Ce tribunal, supposé dépendant de la juridiction étrangère, mettra-t-il autant de souci qu'un tribunal de France à ne donner force de vie à la société qu'à la condition par elle d'avoir recruté ses membres parmi les Français ? Qui sait si ce tribunal étranger ne sera pas plutôt enclin à appliquer en matière de nationalité les idées de son propre législateur, idées qui pourront ne pas concorder avec celles de notre législateur à nous.

On me fait observer qu'il n'est pas adroit au point de vue international de multiplier les conditions légales qu'une personne ou qu'un organisme doit remplir. Avec deux conditions, au lieu d'une, on va mettre en conflit deux lois qui ne s'étaient pas préalablement mises d'accord. Exemple : Les Italiens, je le suppose, conserveront le principe qui fait dépendre la nationalité de la société du siège social ; il fonctionne à Milan une société dont les actionnaires sont Français, elle n'en sera pas moins italienne de l'autre côté des Alpes. Ou plutôt voilà une société que nous traiterons en toute hypothèse comme nulle en France, tandis que les Italiens la reconnaîtront pour bonne pourvu qu'elle soit montée suivant le Code de commerce d'Italie.

Soit. Mais les conflits de loi ne sont-ils pas constants, quotidiens, et serons-nous plus avancés, en renonçant à ce que la société française ait son siège en France, si le droit italien continue à exiger qu'elle ait ce siège bien fixé sur notre territoire, pour la traiter en française ?

Ce qu'une convention internationale commune aux puissances alliées pourra faire, en vue de réduire l'inévitable friction que produit la multiplicité des lois territoriales sur ce sujet des sociétés, on l'examinera un peu plus loin. Mais, à moins que tous les États amis ne s'entendent pour poser, en fait de nationalité des sociétés, des règles identiques, les lois se tirailleront les unes les autres ; et ce qui sera vérité d'un côté des Pyrénées cessera de l'être du côté inverse. La société composée de Français siégeant en Italie sera française chez nous, italienne sur l'autre versant des Alpes. Elle n'a pas pu cependant se conformer simultanément pour sa fondation et pour son fonctionnement aux deux lois de France et d'Italie : ce qui l'expose finalement à n'avoir plus de nationalité du tout. A ce chisme, à cette discordance, que pourrons-nous faire ? Rien.

Voilà terminé notre examen du facteur juridique qu'il faut retenir pour admettre dans l'avenir une société au droit de s'intituler française. Et, soit dit en passant, l'obligation pour elle de porter en outre sa nationalité dans son titre, dans sa dénomination ou dans sa raison sociale, paraît pouvoir être imposée sans inconvénient.

J'ai procédé pour la société comme j'avais agi précédemment pour l'individu. Je me trouve amené, par le fait de ce même rapprochement, à distinguer :

1° La société française, habile à exercer tous les droits si, étant par actions, elle a observé la loi de 1867;

2° La société étrangère, composée d'étrangers.

Celle-ci se dédouble à son tour : *a*) en société relevant d'un État qui, par convention diplomatique, a obtenu pour ses entreprises sociales le pouvoir d'opérer en France sur le même pied que les sociétés françaises, à charge de réciprocité, et *b*) en société relevant d'un État avec lequel la France n'aura conclu aucun traité de cette nature.

Les premières sociétés invoquent, dis-je, un traité diplomatique. Ce seront celles de la plupart des États du monde. Car la guerre ne finira pas sans que toutes les puissances qui ont lutté pour la cause de la justice et celles qui les ont accompagnées de leur sympathie, ne signent des conventions d'amitié mettant leurs ressortissants réciproquement sous le même niveau de droit, sociétés comme individus.

J'aime mieux cette formule d'avenir, que celle du droit français des sociétés anonymes étrangères en vogue depuis le 30 mai 1857. Aujourd'hui, pour se réclamer de l'identité de droit avec des Français en France, ces sociétés n'ont besoin d'invoquer qu'un décret général rendu par notre gouvernement au profit des entreprises de leur pays, un décret général sans condition de réciprocité nécessaire. Ce système, quoique vieux de soixante ans, est assez fantasque, et ne ressemble à aucun autre acte d'ordre administratif international. Ne vaut-il pas mieux d'ailleurs que le pouvoir législatif exerce son plein contrôle, et même son action directe, sur le régime relevant d'une telle économie ? Par la nécessité d'une loi d'approbation du traité, on y arrivera.

Donc les sociétés de ces pays disposeront du plein exercice de leurs droits en France, notamment à l'effet de monter des établissements, de plaider en justice, à l'égal des sociétés françaises. Au titre étranger sans doute, c'est-à-dire à la condition d'observer même chez nous la loi de constitution et de fonctionnement des sociétés en vigueur dans leur pays, et non, en cet ordre d'idées, la loi française. Le statut personnel le veut ainsi, de même que pour un individu. Ce statut veut que la loi d'origine règle sa capacité, l'époque de sa majorité par exemple.

Mais, comme la plupart des lois sur les sociétés par actions votées par les législateurs des autres pays, sont plus libérales, plus accommodantes que la loi française de 1867, par exemple : les lois d'Angleterre ou de Belgique, malgré les revisions des textes originaires qui ont été faites à Londres en 1897, et à Bruxelles en 1912, c'est encore une prérogative qu'on accorde aux sociétés de ces États comparativement aux sociétés françaises, en leur donnant libre exercice sur notre territoire. Et il ne serait pas surprenant de voir l'ancienne manœuvre qui portait des sociétés françaises à se baptiser belges ou anglaises en fixant fictivement leur siège à Londres ou à Bruxelles, se reproduire sous une forme nouvelle, par une entente des souscripteurs qui se diront Anglais ou Belges dans leurs bulletins de souscriptions, alors qu'ils sont de nationalité française. La fraude serait d'exécution plus malaisée, et la justice d'ailleurs serait toujours là pour la réprimer.

Qu'on ne vienne donc pas attaquer mon programme, comme causant une gêne à notre trafic international. Ce trafic, entre les Etats qui composeront, au moins pour commencer, la « société des nations », trouvera, tout au contraire, dans ce régime une large satisfaction, au point qu'on lui reprochera plutôt de faire pencher la balance du côté des sociétés étrangères. De quels genres d'opérations les sociétés étrangères seront-elles exclues ? Dans l'ordre des procès, dispense leur est accordée déjà de la caution *judicatum solvi*. Comment ! Au point de vue du marché public de leurs titres, ou du service public de leurs coupons en France, elles auront le bénéfice de l'abonnement qui ne leur fait payer les droits habituels que sur une quote-part de leur capital ; et si elles maintiennent ces titres hors du marché, on ne leur impose un timbre au comptant sur le taux de 2 p. 100 que lorsqu'il en sera fait mention en un acte en France, et en outre l'impôt sur le revenu des coupons au taux de 5 p. 100 (loi du 23 avril 1914.), de 6 p. 100 (loi du 30 décembre 1916) que si le recouvrement de ces coupons est effectué en France même ! Sur un terrain aussi favorable, les sociétés étrangères ne vont pas, je pense, entreprendre une campagne qui amènerait leur Gouvernement par rétorsion à tenir rigueur à nos sociétés cherchant à occuper le territoire étranger comme centre de comptoirs ou de succursales.

En face de ces sociétés étrangères, disposant en somme du même *modus vivendi* que les sociétés françaises, vont se dresser, par contraste, les sociétés des autres pays ne pouvant pas se targuer d'un traité diplomatique avec la France. Je les soumets au même régime que les individus sujets de ces mêmes Etats, et c'est logique. Il n'y a plus à parler ici d'un minimum de droits se rapportant à un séjour de courte durée ou à la protection de la vie alimentaire ou matérielle. Elles ne pourront d'aucune manière prendre contact avec notre sol, tant par l'ouverture de maisons ou par pérégrination de leurs voyageurs de commerce, aux fins de

la conclusion de marchés français, que par l'exercice de procès
se rapportant à ces mêmes marchés. J'admets que, défenderesses,
elles ne pourront pas exciper de leur incapacité : *nemo auditur tur-
pitudinem suam allegans* : c'est le maintien de l'état de choses
actuel.

En revanche, je leur concède le pouvoir de conclure des marchés
avec nos nationaux, de faire même respecter la propriété de leurs
marques apposées sur marchandises circulant en France, de plaider contre des Français si ces marchés ont été contractés depuis
le lieu de l'étranger où se trouve leur centre d'action (cela dit
sous la réserve du sursis que nous avons cru plus haut nécessaire
avant de reprendre au lendemain de la paix nos rapports d'affaires,
vu la nécessité pour les alliés de reconstituer leur matériel détruit
au cours des hostilités).

Pourquoi répéterais-je tout ce que je donnais plus haut de déve-
loppements sur l'opportunité qu'il y a de différencier pour l'étranger de nation non amie, la sphère d'opérations qu'il traiterait en
France même, de celles qu'il traiterait avec nos commerçants à
distance, sans sortir de son pays ? Pourquoi redire que nous ne
pouvons pas songer à fermer la douane à l'entrée des produits
allemands si on les soumet d'ailleurs au tarif maximum, à un
tarif de rigueur ?

Il est à noter que la commission extra parlementaire, instituée
en France en 1903, afin de reviser la législation des sociétés étrangères, retouchait le régime des sociétés anonymes en vigueur
depuis 1857, en habilitant la société à des actes et à des procès
faits ou engagés en France, pourvu qu'elle n'y établit point de
siège principal ou secondaire, la nouvelle réforme recommandée
par ce projet n'exigeant plus la condition actuelle du décret général ou du traité diplomatique pour l'accomplissement de ces opé-
rations-là. Ce projet de 1903 a été bien vite oublié dans les com-
missions de la Chambre, et c'est fâcheux parce qu'il reposait sur
une idée fort acceptable, louable même.

Puisque tout l'esprit de cette étude d'ensemble est de mener de
pair la condition de l'étranger individu et celle de la société tran-
gère, on m'invitera maintenant à ouvrir généreusement la porte de
la frontière à la maison étrangère qui serait logiquement l'équi-
valent de l'étranger muni d'une autorisation par décret du Président de la République dans les termes de l'article 13 du code

civil. Une société dépendant d'un pays avec lequel nous n'aurons pas signé un traité d'admission de ses sujets aux droits civils dont disposent les Français, parlons bref, une société allemande, pourra-t-elle suivant mon système, rompre l'incapacité dont elle est frappée en France, et cela au moyen d'un décret non pas général mais spécial qui la concernera seule, lui ouvrant l'accès de notre territoire, la domiciliant en France selon l'article 13 ?

Ce serait une brèche sérieuse faite au principe de l'incapacité et, si l'homme de loi était un arithméticien, le raisonnement l'imposerait. Par cette fissure les entreprises germaniques, comptant sur la complaisance ou sur le laisser faire des bureaux de nos ministères ou du Conseil d'Etat, rentreraient subrepticement, et se faufileraient chez nous.

Constatation assez curieuse : ce système qu'on a présenté jusqu'ici comme constituant dans son ensemble le régime des sociétés étrangères en Roumanie et pour lequel la loi roumaine a essuyé toutes les critiques des publicistes, est bien plutôt encore le régime des sociétés étrangères dans l'Empire allemand : les Allemands se sont donné le mot pour ne pas lui communiquer de notoriété, et les légistes de France, de Belgique, d'Italie ou d'ailleurs, par une inconcevable réticence, se sont abstenus de le révéler.

Ils n'ont pas dit non plus que les Etats allemands sont assez chiches dans l'octroi d'une semblable autorisation et que les traités internationaux conclus par l'Empire n'admettent les sociétés étrangères à opérer en Allemagne qu'à la condition de rester chez elles, leur siège demeurant établi dans leur pays d'origine.

Dans ce domaine politique et économique reparaît la dissimulation germanique, pour qui gratte le terrain et ne s'en tient pas à la surface des choses. Il y a en somme beaucoup de maisons allemandes dans les autres pays à législation d'accueil facile ; mais en revanche il y a peu de maisons d'autres pays qui aient un siège en Allemagne, parce que le droit allemand tant international qu'interne tient la main de fer sous le gant de velours. Sait-on comment statue le § 12 *Gewerbe Ordnung* (Code des Industries)? « En ce qui concerne l'exploitation d'une profession pour les personnes morales étrangères, on se reportera aux lois régionales. » C'est sec, c'est court, cela semble banal, cela n'a l'air de rien ; cependant, sous cette formule d'apparence inoffensive, se dissimule la prohibition des sociétés anonymes étrangères en Allemagne : dans presque tout les Etats confédérés, il y a un texte spécial subordonnant à l'autorisation du ministre de la justice ou d'un autre

agent administratif l'ouverture d'une agence de société anonyme
étrangère. Et, pour délivrer cette autorisation, le gouvernement
local n'a pas précisément la main tendre.

Quoi qu'il en soit, d'après l'économie de ce système, une autorisation *spéciale* peut être délivrée ; faut-il dans notre législation
de demain nous inspirer de ce précédent ?

Je réponds négativement (1).

Une parité de position est impossible ici à établir entre un individu et une société. La conception qui forme la base de l'article 13
de notre code civil ne saurait être étendue aux collectivités.

L'admission individuelle à domicile est l'ouverture d'un stage
ou d'un apprentissage de naturalisation, on l'a constaté plus haut,
on attend pendant trois ans l'étranger à l'œuvre dans l'exercice des
droits civils en France.

Selon la manière dont il en usera, le Gouvernement verra si
l'intéressé mérite de devenir Français. L'effet de l'autorisation
cesse (depuis 1880), à l'expiration de cinq années si l'étranger ne
demande pas à se faire naturaliser. Comment transporter ces notions à une société, à un être pour lequel la naturalisation est
chose inconcevable ?

Puis, avec l'autorisation spéciale, nous en reviendrions, à l'égard
de certaines catégories de sociétés étrangères, au régime de l'article 37 de notre Code de commerce qui a été aboli par la loi de 1807.
Nous ferions à ces sociétés, du moins à certains égards, une sorte
de faveur par rapport aux autres. Elles se prévaudraient vis-à-vis
du public français de l'estampille officielle que le Gouvernement
leur aurait donnée. Le public crédule s'y laisserait prendre, et
c'est cet abus que notre législature de 1807 a entendu faire disparaître.

Habilitation à toutes les sociétés d'un même pays ou refus d'habilitation à toutes. Il n'y a pas de moyen terme.

Sous le bénéfice des observations précédentes qui ramassent les
États civilisés en deux groupes : d'un côté, le groupe des États
amis, c'est-à-dire de presque tous, avec leurs sociétés opérant
librement chez nous ; et de l'autre côté, le groupe des États suspects ou tenus jusqu'à nouvel ordre en observation, leurs sociétés

(1) En France la doctrine est en désaccord sur ce point : A Weiss, IIe
vol., p. 481 ; Despagnet, n° 54 ; Valéry, n° 902 ; *Contra*, Lyon-Caen et
Renault, n° 1099.

ne devant pas opérer chez nous, — il reste des considérations à produire, des éclaircissements à donner.

En effet, le sujet est bien complexe, et l'on doit consciencieusement en faire le tour. L'organisation de la « société des nations » que je viens d'ébaucher, en tenant hors de cette société les nations les Empires du Centre et leurs affidés jusqu'à retour de leur part à une conduite décente, exigera de toute manière, soit à l'heure de la signature de la paix, soit avant, soit après cette date des négociations serrées entre les puissances qui marchent ensemble contre l'Allemagne. Ces négociations sont déjà entreprises sous le nom de conférences économiques inter-alliées, et beaucoup de questions figurent ou figureront à l'ordre du jour des sessions qui se tiendront dans les diverses capitales.

Celle de ces questions qui passe pour la plus grave et qui en tout cas frappe surtout par sa matérialité l'attention du public, est le régime douanier auquel les puissances vont désormais soumettre l'importation de leurs marchandises d'un État dans un autre.

Les barrières douanières vont s'abaisser, sans pour autant produire entre toutes ces nations une organisation économique ou fiscale identique. On parle d'une échelle de tarifs, de nature à créer dans le grand cercle de l'entente des Unions restreintes.

D'abord, chaque État s'entendra avec ses colonies pour faire circuler leurs marchandises réciproques sur un pied se rapprochant du libre échange : du moins tel est le programme que défendent certains représentants de l'impérialisme Britannique, en Australie et au Canada surtout.

A un pallier plus élevé se classeront les États alliés, ceux qui ont été les membres de l'entente pendant la guerre. Entre eux fonctionnera un tarif moins cher, néanmoins favorable. Et l'industrie française approuve d'avance cette conception, sous la réserve cependant que nos industries cotonnières et métallurgiques qui ont grand besoin de se protéger contre la concurrence anglaise ne seront pas obligées ainsi de faire retour au régime issu du traité de 1860 et dont l'École de Manchester avait été l'inspiratrice.

Enfin, dans les rapports des alliés et des neutres, j'entends des neutres favorables aux alliés, on établira un troisième tarif qui ne sera pas le tarif minimum, mais ne se confondra pas non plus avec le plein tarif, le seul applicable aux importations des produits des pays ennemis ou ci-devant ennemis.

Évidemment il ne pourra être donné suite à cette combinaison qu'à condition d'arrondir les angles et de ne pas s'adonner à une construction de pure géométrie. Au total, cela représentera, dans le monde deux grandes Unions douanières, peu disposées à se fondre l'une dans l'autre aussi longtemps que la *Mittel Europa* prétendra faire la loi à l'univers.

Ce côté du problème mis à part (j'ai expliqué le motif pour lequel je n'avais pas à en faire l'examen direct), il restera entre les États ententistes et leurs amis à donner un corps solide au principe qu'ils auront commencé par poser, du libre accès des sujets et des sociétés de l'un d'eux sur le territoire de l'un quelconque des autres : du libre accès des sociétés par actions principalement. On ne pourra pas se soustraire à la nécessité d'édicter pour l'organisation de ces sociétés des règles communes dans le droit de tous ces États.

On a lancé l'an dernier en circulation la formule de l' « internationalisation » du droit des sociétés. C'est à l'époque où se sont tenues à Paris les premières conférences inter-alliées. La formule est tombée ; je ne sais s'il en est de même de la pensée qu'elle recouvrait. Je doute fort du reste que cette pensée ait jamais été bien nette.

A-t-on voulu dire par là que tous les États amis adopteront une loi uniforme pour réglementer les sociétés par actions ? Si oui, on poursuivrait une chimère. Les idées qui président à la procédure de constitution des sociétés sont, dans les divers États de l'Europe et de l'Amérique, trop espacées et distantes, trop éloignées d'un terrain de conciliation, pour qu'on puisse mener à bien une entreprise de cette hardiesse. Aucune conférence diplomatique, aucune société savante, Institut de droit international ou autre, n'a songé à unifier le régime des sociétés. Et dans un rapport que j'avais autrefois soumis au *Congrès du Commerce et de l'Industrie* tenu à Paris pendant l'Exposition universelle de 1900, j'ai essayé de démontrer que la tentative était présentement irréalisable (1).

Il y a cependant certains points pour lesquels l'on pourra et l'on devra se mettre d'accord ; et, avant tout autres, celui du *criterium* d'après lequel se déterminera dorénavant la nationalité d'une société. Il faut que ce *criterium* soit accepté partout le même,

---

(1) *Bulletin* publié par ce Congrès, n° 2, 30 novembre 1899, pages 141 à 165, Paris, Imprimerie Hugonis. — On trouvera un autre rapport sur la même question fait par le prof. Contuzzi, au *Congrès de législation comparée de Paris* de la même année, dans les procès-verbaux du dit Congrès, Ier volume, page 601 et 602. — Voir encore aux *Documents du Congrès de l'Exposition Universelle de Bruxelles* de 1910, IIe volume, pages 339 à 358, la communication de M. Vercouteren, avocat à Amsterdam.

Autrement toutes les garanties qu'on voudra prendre contre l'intrusion des entreprises germaniques demeureront stériles.

L'avenir de la Belgique une fois libérée du joug qui pèse sur elle depuis 1914, celui de l'Italie, sont liées aux mêmes exigences de préservation que l'avenir de la France. Plus profondément encore à Anvers (1), ou à Milan (2), et à Rome, qu'à Paris et sur notre territoire, la griffe germanique s'est enfoncée dans les œuvres économiques internes par l'action des banques allemandes dissimulées sous des organismes d'apparence nationale. Si l'on n'établit point d'accord sur le signe révélateur de la nationalité d'une société, que va-t-il arriver ? L'ennemi rentrera dans la place par une porte dérobée, tel Ulysse dans le cheval de bois de Troie. L'Italie n'accueillera pas la société allemande ; mais sa législation continuera à ne point faire état pour la nationalité d'une société de celles de ses associés. Elle s'ouvrira toute large aux compagnies composées d'actionnaires allemands, pourvu qu'elles aient leur siège à Milan. Voilà le sol italien, contaminé et par contre-coup, notre sol français lui-même, puisque, par hypothèse, nous ferons bon accueil aux sociétés italiennes en admettant à se qualifier telles, à la teneur du *statut personnel*, les sociétés que les lois de l'Italie considèrent comme dépendant d'elle. C'est la manœuvre de l'Allemand qui emmence par se faire naturaliser suisse en conservant sa nationalité première au bénéfice de la loi Delbruck, et qui, citoyen de la République helvétique, verra toutes les portes s'ouvrir à lui en France sans même avoir besoin de conquérir auprès de notre Chancellerie un nouveau brevet de nationalité, celui de la nationalité française. Il est donc de toute nécessité que les con-

(1) « La noble et belle cité d'Anvers présentait dans ces dernières années le spectacle d'une germanisation à peine croyable. Plus de dix mille Allemands s'y étaient installés et avaient fini par se substituer presque entièrement aux Belges dans plusieurs des principaux domaines de l'industrie et du commerce locaux...

Il existait à Anvers une centaine au moins de sociétés allemandes dont beaucoup ne se cachaient pas de recevoir des subventions officielles ou privées d'Outre-Rhin. » (De Wyzewa, *Revue des Deux Mondes* du 15 novembre 1915: *La germanisation d'une grande cité belge.*)

(2) Voir dans la *Revue hebdomadaire* du 8 janvier 1916, Soulange-Bodin, *L'Avant-guerre en Italie:* « Dans la patrie de Machiavel la campagne d'avant-guerre a été menée avec un art consommé, avec une maëstria qui eût comporté l'approbation du maître. Dès 1894, Crispi favorisait par tous les moyens en son pouvoir la création de la *Banque Commerciale italienne* dont le modeste capital initial (aujourd'hui de 150 millions) était souscrit par des Allemands, l'idée primitive de la combinaison appartenant à M. Schwabach, le chef de la maison Bleichröder. »

férences des alliés et de leurs amis, soit qu'elles délibèrent avant ou après la paix, mettent à leur ordre du jour la question du *criterium* de la nationalité d'une société, et s'entendent sur l'adoption d'un même signe déterminé par la nationalité des associés eux-mêmes ou de la plupart des associés.

*
**

Maintenant, changeant la direction de mes recherches, arriverai-je à concilier ce régime à la base duquel est la formule : « pas de société française sans que plus de la moitié du capital soit aux mains de Français », avec le besoin économique de renforcer nos Bourses de valeurs en y admettant les actions des Compagnies étrangères plus largement encore, si cela est possible, qu'on ne l'a fait jusqu'à présent ? Va-t-il être impossible de diriger notre épargne sur des placements de valeurs des pays amis, placements qui dans mon système empêchent, par la concentration de la majorité des titres en mains étrangères, à se constituer sous le régime français ?

Je ne vois pas qu'il y ait entre ces deux *desiderata* la moindre incompatibilité. Si ces actions ont et conservent à l'étranger, dans un pays allié ou ami, leur principal marché, elles laisseront à l'entreprise son caractère belge, anglais, italien, malgré les paquets que des Français auront acquis à la coulisse ou au parquet de Paris, si ces paquets ne constituent pas dans l'ensemble la majorité des titres (le contrôle du Ministre des Finances pour l'admission à la cote étant maintenu, comme aussi les règlements qui assignent à ces actions un minimum de taux, etc.).

Mais ce résultat n'a rien pour effrayer, et, quiconque aujourd'hui donne un ordre d'achat d'actions étrangères à la Bourse de Paris sait que tel est l'état légal des titres qu'il fait entrer dans son portefeuille.

Si l'extrême abondance d'achats en France de cette valeur, primitivement étrangère, fait à la longue que la société devienne française, ce qui l'obligera à se reconstituer, je ne saisis pas davantage le péril résultant de cette mutation de nationalité. Les étrangers en pâtiront, dit-on ; mais comment, et pourquoi ? Qu'on intervertisse les rôles : telles sociétés, originairement françaises, tomberont sous l'empire de la loi belge, italienne, anglaise, lorsque les Bourses de l'un de ces trois États en auront absorbé la majorité des actions. C'est un chassé croisé qui n'a rien d'offensant pour aucune puissance.

Depuis quarante-sept ans, les valeurs allemandes ne circulent pas en France, ni les valeurs françaises en Allemagne. Cet état de choses persévérera ; il y avait déjà une cloison étanche. Théoriquement, de l'interdiction atteignant une société allemande de prendre un point d'appui en France pour y faire des actes sujets ou non à des procès, ne découle point la défense de placer ses actions en France par un intermédiaire d'occasion. Le client de Bourse qui souscrit ou qui achète n'a pas en France même la partie avec laquelle il traite. Autre chose est le marché commercial d'une société, autre chose le marché financier de ses titres. En fait, il reste à savoir si cet intermédiaire, si ces clients, si le Ministre des Finances de l'attitude duquel dépend la légitimité de ce trafic, voudront bien s'y prêter. Il est probable que non.

CONCLUSIONS

Il n'est que temps de résumer cette longue suite de propositions. On peut les ramener à quelques phrases laconiques, en insistant sur l'idée qu'il est essentiel à la sauvegarde de notre autonomie nationale de soumettre à un même étalon de droit les individus étrangers et les sociétés étrangères.

Individus. — Un Français a la plénitude des droits civils.

Un étranger, par contre, est en principe privé des droits civils en France, hormis le pouvoir d'y résider temporairement sans exercice de profession, le pouvoir d'y faire dans cette résidence temporaire les actes qu'entraîne la vie courante et, depuis le pays étranger sans venir chez nous, de conclure des marchés avec personnes fixées en France ainsi que la faculté correspondante d'ester en justice contre ces personnes.

Deux exceptions sont apportées à ce principe. L'étranger a tous les droits civils des Français en les exerçant sous son statut national : 1° lorsque la France a traité avec son État une convention de libre accès réciproque des sujets des deux États ; 2° lorsque l'étranger a obtenu un décret individuel d'admission à domicile, préparatoire d'un second décret de naturalisation.

Sociétés. — La nationalité d'une société résulte de la nationalité de ceux de ses membres composant plus de la moitié du capital.

Une société française a la plénitude des droits civils.

Une société étrangère, *au contraire*, est en principe privée des droits civils autres que ceux contractés de loin avec des personnes fixées en France, avec faculté de plaider, sans y avoir elle-même de siège.

Exception est apportée à ce principe par les traités diplomatiques que conclut la France avec des États dont les sociétés pourront, alors, exercer en France, en s'y fixant ou autrement, la plénitude des droits, au titre étranger il est vrai.

Dans ma pensée, côté individus ou côté sociétés, les exceptions de faveur, tout en englobant presque tous les États du monde, confirmeront la règle suivant le brocard bien connu. Mon système n'est en somme que la mise en œuvre du principe qu'exprime M. Charles Dupuis à la fin de son article sur la *Condition des étrangers en France*, Revue hebdomadaire du 24 juin 1915 : « La justice n'exige pas que par des faveurs imprudentes nous nous fassions complices des trahisons de ceux qui voudraient exploiter notre bienveillance et notre générosité pour recommencer après la paix, dans le domaine commercial et industriel et dans tout autre domaine, une lutte sourde et déloyale. »

*
* *

Je me rends compte des résistances qu'il faudra vaincre, si jamais ce programme vient à occuper les devants de la rampe.

J'ai été forcé, pour entrer dans le vocabulaire du droit, et ne pas faire de pure polémique, de dire : principe, exceptions, au lieu de me servir de ces termes : Tous les États, excepté l'Allemagne. Or cette terminologie, quoique indispensable, m'aliène d'avance l'adhésion de beaucoup de mes compatriotes. Le Français, dans sa sensibilité, se laisse prendre aux principes beaucoup plus qu'aux faits. Or, poser en principe que la civilisation doit reculer de nombreux siècles en arrière, et repousser l'étranger, alors que d'autre part cette guerre doit cimenter tant d'heureux rapprochements, c'est provoquer un *tolle* de protestation. Comment l'esprit libéral qui nous anime peut-il nous conduire à un tel reniement de la fraternité des hommes ? J'aurai beau répondre que je tiens à faire un classement des hommes avant de les traiter en frères, que le gage de fraternité je l'accorde à tous, excepté à ceux qui m'ont forcé de leur tenir rigueur. Périssent les colonies plutôt qu'un principe !

Une autre objection menace ma thèse. L'interdiction entre les sujets des deux États belligérants de faire des actes de trafic et de commerce est une règle éphémère, propre à l'état de guerre. On suppose la paix signée. La paix c'est le rapprochement, la réconciliation, pour le moins l'oubli. On va cependant maintenir, avec le programme recommandé, cette barrière de droit entre les ressortissants aux États alliés et les ressortissants aux Empires centraux, que l'ouverture des hostilités avaient dû élever au plus grand préjudice des échanges, mais pour une période courte seulement ?

Il faut s'expliquer nettement. Je ne prolonge pas au-delà de la paix la prohibition des marchés entre sujets allemands et sujets français, puisqu'ils seront, tout au moins après quelques années, habiles à en conclure de loin sans se rencontrer et sans prendre contact direct eux-mêmes. Je lève même la défense que la guerre avait intimée à l'étranger allemand de séjourner en France, pourvu que ce séjour soit éphémère, sans exercice d'emploi.

La paix réconciliation, la paix oubli, est-ce bien là le langage qu'on est autorisé à tenir ? On admet donc que dans le traité final s'introduiront des clauses nombreuses qui, indépendamment des restitutions territoriales, des réparations pécuniaires imposées par le droit le plus élémentaire et des garanties à fixer pour l'avenir, stipuleront la réouverture des anciens établissements privés auxquels s'en ajouteront de nouveaux, et reviendront au *statu quo ante bellum !* L'esprit de pacifisme va-t-il même renouveler cette clause de la nation la plus favorisée dont les Allemands ont si habilement joué contre nous depuis le traité de Francfort ?

La paix pierre d'attente d'un retour de l'Etat qui fut notre adversaire à des conceptions itnernationales acceptables ; soit, mais rien de plus. C'est par la liberté d'accès de ses sujets chez nous qu'il s'est ouvert nuitamment des galeries de cheminement destinées à préparer la ruée des armées ! Allons-nous recommencer et serons-nous incorrigibles dans notre crédulité de bonne foi chez ceux qui lient partie avec nous ?

Traiter c'est faire confiance, c'est s'en rapporter à la parole du cosignataire de l'instrument d'entente. Or, dans quelle balance peser la parole d'une puissance, qui ne propose pas, car cela est impossible de soustraire en législation interne à l'empire du droit ses sujets, respectivement, mais qui dans ses rapports avec les autres Etats désavoue officiellement ce nerf (combien de fois séculaire) des relations humaines ?

La force, seule créatrice de la souveraineté, c'est la forfaiture consacrée, permise à toutes les conventions internationales, le parjure à tout serment prêté à un non Allemand, c'est le traité chiffon de papier. Comment espérer de l'Allemagne un respect plus grand de la signature qu'elle mettra au bas du prochain traité de paix qu'elle n'en a témoigné à la neutralité par elle jurée de la Belgique en 1831 et en 1839, à toutes ces stipulations des lois de la guerre revêtues par elle de son sceau à La Haye, et dont on peut dire qu'il ne s'est pas passé un jour d'hostilités sans que ses dirigeants n'en aient pris la contre-partie, depuis le massacre des populations, le vol, l'empoisonnement et l'incendie, jusqu'aux relégations plus cruelles que celles infligées par les Assyriens aux Juifs, car à Babylone les familles dans leur malheur restaient groupées et l'on n'arrachait pas les filles à leurs mères ?

Il faudra bien une convention pour conclure la paix. Mais on n'y déposera que les stipulations indispensables, et cela même à tout risque de voir la contre-partie les déchirer si on lui en laisse le moyen plus tard. A tant faire que de plaider la cause du rapprochement et de l'oubli, pourquoi ne pas aller jusqu'à convoquer l'Allemagne à une troisième Conférence de la paix qui se tiendra à La Haye, afin de constater sans doute que les deux premières avaient été indignement bafouées ? L'Allemagne a assumé une terrible responsabilité en foulant aux pieds le droit des gens. Mais sa responsabilité s'est redoublée et aggravée encore, du fait que ce droit des gens portait sa firme, sa garantie d'honneur.

M. de Wyzewa écrivait dans l'un des derniers de ses articles à la *Revue des Deux-Mondes*, sur les méfaits de l'Allemagne, à l'occasion des *German Atrocities* du professeur Morgan (13 mai 1916) : « La conclusion, que tire inévitablement l'auteur de cette perversion morale, est que toute convention internationale signée désormais avec un tel adversaire ne risquerait pas seulement de demeurer vaine, mais aussi de devenir pour nous un « danger positif », à raison de ce que M. Morgan appelle « la casuistique d'une nation de sauvages intellectuels ». Nous ajouterons, nous. C'est une singulière race que celle de ces hobereaux qui prétendent doter l'Univers de leur « kultur ». Ils se vantent en outre de descendre de l'ancienne chevalerie. Pourtant ils oublient que la féodalité n'est devenue la « loi du poing » qu'en se dégradant, en se gangrenant; la vertu féodale par excellence, l'honneur, selon la terminologie de Montesquieu, étant l'hommage lige qui fait du preux le féal à son serment, et l'acte féodal le plus vil étant la félonie, la défaillance de l'homme à sa promesse d'assistance et de patronage. Explique qui pourra le moyen de concilier avec la signature d'un traité international le parjure systématique à la foi promise, parjure figé désormais dans la phrase qui transmettra jusqu'à la fin des siècles, on ne dit pas que ce soit pour sa gloire, la mémoire du chancelier von Bethmann Hollweg !

⁂

Je voudrais élever la note de ces discussions. Disserter en juriste sur la condition des étrangers paraît un exercice terre à terre. Tout se tient cependant, et des sphères les plus lointaines de l'histoire, les plus élevées de la politique ou de la diplomatie, part quelquefois un rayonnement de pensées, activant des exigences qui à un moment donné obligent un peuple, l'ensemble des peuples ayant foi dans la justice, à changer l'orientation de leurs droits privés.

Sans la discipline allemande qui a failli nous enserrer dans le filet tendu sur la France, il n'y aurait aucune raison d'user de plus de rigueur envers les étrangers que ne l'ont fait le Code civil et la loi de 1819. La substitution aux libres relations humaines de la mise à l'index, dont l'Allemagne et ses acolytes seront d'ailleurs seuls à souffrir, nous est imposée par le salut de notre race, de notre avenir. Nous avons devant nous et contre nous, avec la fourberie de ses méthodes, l'esprit de domination non pas d'une Allemagne prise à une époque quelconque, mais de l'Empire allemand issu de Sadowa et de Sedan, qui s'est incarné dans Bismarck, dans cet homme à qui l'ironie du destin a vraiment fait la part trop belle, en le posant aux yeux de la France au milieu du XIXe siècle comme l'exécuteur dans l'Europe centrale du programme des grandes nationalités éclos aux Tuileries dans le cerveau d'un idéologue.

De cet Empire allemand, autrement redoutable que ne le fut jamais aucune Allemagne ni aucun Empire du passé, nous avons été, nous Français, par plus de deux siècles d'une diplomatie et d'un état d'opinion inexcusables, les metteurs en scène, les fournisseurs de force, les préparateurs d'oppression.

Dans les Germains que décrit Tacite, dans les Impériaux qu'ont vus Frossard ou d'autres chroniqueurs (1), on croit trouver les mêmes vices que ceux qui déchaînent contre l'Allemagne d'aujourd'hui la répugnance universelle. Mais certains pensent que ce rapprochement ne répond peut-être pas à la réalité des choses. A leurs yeux, l'Allemagne actuelle ne donne plus le portrait de l'Allemagne ancienne. Elle n'est même plus germanique dans son esprit, mais teutonne. Elle est le fruit d'un croisement du sang finnois, la Hanse des marchands de la Baltique et de l'Ordre teutonique avec les *Junkers du Brandebourg*. Rien de commun entre ces races et les Hessois qu'avait évangélisés saint Boniface, ni à plus forte raison les Saxons Arvens, descendants de l'Arminius qui battait les légions de Varus dans la forêt Hercynienne. L'Allemagne d'aujourd'hui est teutonne, infectée du virus prussien qui l'a intoxiquée et ensorcelée. C'est ce poison qui force l'Europe et l'univers entier de prendre contre elle des mesures de prophylaxie.

Si le venin doit s'exhaler avec le temps, parce que la force aura changé de camp ce qui aura fait tomber son prestige pangerma-

(1) On n'a pas oublié le tableau si mordant qu'à donné M. Charles Benoist de l'Allemand envisagé au cours de ses sources historiques successives, dans sa communication à la séance annuelle de rentrée des Académies de 1915.

nique, peut-être l'Allemagne retrempée par un retour à l'esprit de justice deviendra-t-elle une voisine avec laquelle nous pourrons reprendre des relations suivies, la « société des nations » de demain ne demandant qu'à la voir venir à résipiscence et à lui faire un accueil normal. Ce n'est pas malheureusement en peu d'années que cessera le danger de contamination, si contaminer veut dire s'épandre sur les autres non pour leur communiquer son poison, chose impossible ici, mais afin de les éliminer, d'occuper leur place, leurs terres, leurs richesses, de réduire en esclaves ceux des vaincus qu'on laissera vivre.

Les étapes principales suivies depuis le commencement du xviiiᵉ siècle par la Prusse pour pousser ses tentacules de pieuvre sur l'Allemagne d'abord, puis sur l'Europe, en attendant son envahissement du monde, sont assez visibles pour faire comprendre qu'à cette méthode de domination les autres peuples doivent répondre par un système de protection de soi-même non moins original, inconnu ou peu usité dans le passé.

Notre ennemi héréditaire de l'Est, pendant le moyen-âge et au commencement des temps modernes, a été le Saint-Empire, dont le centre d'action, descendant vers les régions du Sud, s'est fixé en traversant la Souabe sur l'Autriche, et a pris définitivement corps au xvᵉ siècle dans la maison des Hâbsbourg. Jamais cette puissance, même sous la Monarchie mi-partie espagnole de Charles-Quint, n'usa envers nous des moyens militaires intenses ou des procédés perfides d'infiltration graduelle qui ont fait la force de l'Empire Allemand postérieur à Sedan.

Cependant nos hommes d'Etat voyaient là l'adversaire dont ils voulaient à tout prix se rendre maîtres. Survint la Réforme, puis éclata la Guerre de Trente Ans. A l'ancien Saint-Empire, Richelieu chercha un contre-poids dans le relâchement du lien impérial, dans une plus grande autonomie des princes allemands. Jusque-là, l'Empereur était le suzerain féodal, étendant son domaine direct sur toutes les tenures dont les possesseurs composaient la Diète. Le traité de Westphalie en 1648 prononça la médiatisation de ces princes qui passèrent d'un état de vassalité à un régime de confé-dération avec allègement de subordination ou de lien.

De là est vraiment sortie la Prusse, cette puissance du Nord qui ne devint royaume que dans les premières années du xviiiᵉ siècle, mais qui progressa à pas de géants et se popularisa à la faveur du courant philosophique, la puissance fille de la Réforme ne pouvant, semblait-il, que servir la cause des nations libérales, en face du vieil Empire apostolique de Vienne. Qu'on se sou-

vienne de la correspondance de Voltaire et de Frédéric : le
« patriarche de Ferney » et le « philosophe de Sans Souci » s'adu-
lant l'un l'autre (1).

Notre Monarchie française sur son déclin parut, à un moment
donné, comprendre que ce témoignage de sympathie donné à la
Prusse, à la nouvelle Allemagne, par l'opinion et par la diplomatie marquait une faute d'orientation. Elle fit machine arrière, mais
n'en fut pas récompensée. La langue du peuple a stigmatisé du
nom de « l'Autrichienne » la dernière reine de France qui monta
sur l'échafaud.

Les traités de Vienne passent à tort pour avoir été une revanche
de Metternich sur nous. Naguère Empereur d'Allemagne abaissé
déjà par le traité de Westphalie, devenu en 1806 simple Empereur
d'Autriche, le Habsbourg descend un degré de plus, en devenant
président de la Confédération germanique. La nouvelle organisation allemande ne fait qu'accentuer cette rupture de bascule, qui
devait dresser contre nous, en dépit de la Sainte-Alliance, à la
suite de cette habile agglomération des forces économiques de la
Germanie qui s'appela le Zollverein, l'édifice allemand des Hohen-
zollern, autrement perfide que celui des Habsbourg. C'est vers
1808 que se fait la coupure entre — l'ancienne Allemagne, exaltée
par Mme de Staël, qui entend son chant du cygne à la cour de
Weimar auprès de Herder, de Schiller, de Gœthe, — et l'Allemagne nouvelle de Berlin dont Stein fourbit les armes à la dérobée, Allemagne bien plus menaçante que l'ancienne, car elle
tient en germe l'absorption convoitée de tout le genre humain,
avec la méprisante devise « *Oderint dum metuant* » qu'on expiera
plus tard, le jour où craquera la corde pour avoir été trop tendue.

Le peuple régénérateur de la Germanie était celui dont la guerre
formait l'industrie nationale, celui aussi qui, sous les dehors cau-
teleux d'une puissance alliée à Napoléon, avait préparé la grande
revanche dans ses Universités avec Fichte et Hegel, dans ses
écoles militaires où paradaient les professeurs des Clausewitz et

(1) « Grâces en soit rendues à Votre Majesté! Vous êtes le vainqueur
de la superstition, ainsi que le soutien de la liberté germanique. » Par
ces mots, résumant un esprit public qu'il avait concouru à former
lui-même, Voltaire achève, le 1er avril 1778, peu de jours avant son
décès, sa correspondance de quarante-deux ans avec Frédéric. Aujour-
d'hui, cent-quarante ans plus tard, vis-à-vis de l'arrière-neveu du vainqueur de Rosbach, le ton du panégyrique s'élève de plusieurs crans :
le publiciste, un non Français cette fois et à qui je ne fais pas l'honneur de le rapprocher de Voltaire, appelle le Kaiser : « délices du genre
humain ».

des Bernhardi, dans ses séminaires d'histoire, en formant les futurs Treischke et Lamprecht ; qui avait assoupli par une discipline de fer tous les Allemands dès l'enfance à la religion du Dieu Etat et du seul Etat où gît la force avec le droit de commander à tous les autres, de l'Etat allemand, ventouse de tous les autres.

Cette discipline a rayonné sur le monde entier par tant d'émigrants, négociants ou autres, constamment à l'affût et en état de conspiration dans les Etats qui leur offraient l'hospitalité. Comment une telle action dissolvante, avec l'aliment qu'elle donnait au matérialisme de la richesse, n'aurait-elle pas miné dans la race les notions internationales de justice et d'honneur, et fait de la classe féodale qui est à sa tête le dernier champion de l'absolutisme contre la démocratie, partie saine de l'humanité?

L'Allemagne d'aujourd'hui est composée de l'union des militaires qui veulent la guerre pour elle-même et des financiers et industriels qui la veulent parce qu'elle doit multiplier la puissance de la Prusse et faire d'elle la dominatrice du monde. Cette union a pris pour devise que le droit a sa source dans la force. Faut-il que les autres nations aient poussé loin la badauderie admiratrice de tous les truismes que la prétendue érudition allemande a revêtus d'un vernis pédantesque, pour ne s'être pas révoltées plus tôt contre la réclame du droit engendré par la force tombant comme un boniment de pitre du tréteau du Tabarin prussien ! Cette devise n'est pas seulement un scandale, elle est un parfait non sens. Quelle commune mesure établir entre le droit et la force ? Le droit est une chose, une règle de conduite sociale. La force en est une autre, un acte de contrainte plus ou moins brutal. La force ne peut se coordonner au droit que pour lui servir de sanction envers ceux qui s'y dérobent ou encore pour communiquer à ceux qui se sentent trop faibles aux fins de l'accomplir spontanément, l'énergie morale nécessaire. Hors de là, il n'y a entre le droit et la force que cacophonie, et les hommes de toutes les races, blanche, jaune ou noire, le sentiront d'eux-mêmes si l'on ne commence point par pervertir leur mentalité. Il n'est pas besoin de pratiquer le décalogue, d'avoir une formation gréco-latine ou une éducation chrétienne pour le comprendre. Et cependant, sans le scandale de l'ultimatum serbe, sans la belle philosophie du président Wilson, l'humanité en serait encore aujourd'hui à palabrer sur la nécessité d'écraser le militarisme prussien pour sauver la civilisation de l'univers de ce perfide programme, perfide au point de vue intellectuel autant que moral.

Nous ne pouvons savoir aujourd'hui ce que donnera la paix

future, cette paix qui, fortune aidant, sera la véritable revanche des traités de Vienne, la page finale et la plus belle peut-être de notre Révolution française.

Cette paix en soi donne à frémir, autant que la guerre elle-même, par l'immensité des problèmes qu'elle obligera de résoudre. Quelle race, quelle nation n'est point secouée sur ses bases par cet effroyable conflit ? L'Empire russe d'hier, qui ne sera pas l'anarchie de demain, espérons-le. L'Empire Austro-Hongrois, cette tyrannie à deux têtes qui, sous un même monarque, opprime dix nationalités au profit de deux d'entre elles. L'Empire Turc, c'est-à-dire Constantinople et les détroits, l'Asie-Mineure avec l'Arménie, la Mésopotamie et la Syrie.

Limitons ce conflit gigantesque à nos rapports avec l'Allemagne, et voyons ce que la paix rapportera.

On nous dit qu'elle doit consacrer des restitutions, des réparations et des garanties. Restitution des territoires dont il ne peut être question une seule minute de discuter le droit imprescriptible de revenir à leur vraie patrie. Réparations, celles par lesquelles on fait rendre gorge à ceux qui ont commis massacres, assassinats, incendies, et autres crimes. Garanties, afin qu'elles ne restent plus indéfiniment sous le croc du sanglier prussien, sans même un écran de séparation, nos admirables provinces de l'Est rendues par une vraie surprise en 1815 les voisines de la Prusse, et depuis lors martyres pendant un siècle de quatre invasions successives dont la dernière aura duré trois ans au moins (et quelle invasion !). Mais combien le problème ainsi posé est-il encore réduit, surtout au point de vue du chapitre des garanties ! Si la paix n'arrache pas l'Allemagne à la dictature prussienne, il est à craindre que le monde ne coure à son suicide, que la chaîne sublime de civilisation qui s'est déroulée pendant des siècles ne se brise, en nous plongeant dans une nouvelle forme, profondément obscure, de barbarie, singulier *Eldorado !* Si l'Allemagne, dont personne ne demande l'anéantissement et qui a besoin d'exister au centre de l'Europe comme puissance fédérative, sait grouper ses forces par élimination de la Prusse dans un mode de coordination de ses États composants autre que celui dont Bismarck l'avait doté, c'est peut-être son salut avec sa réintégration dans la « société des États ». C'est elle, l'Allemagne, qui prononcera. Car la démocratie, qui revendique pour chaque pays, petit ou grand, le pouvoir de disposer de lui-même, et qui ne recule devant aucun sacrifice pour obtenir la réalisation de ce principe, ne se contredira pas en dictant par la force à l'Allemagne, même complètement vaincue, la constitution qui doit rendre possible son retour à la communauté universelle.

Si cette aube doit luire, toute barrière de droit privé entre les Allemands et les Français devra également disparaître. Pourtant, il faut bien le dire, la mentalité de l'Allemagne est encore loin du moment où l' « envoûtement prussien » sera pour elle un titre non plus de gloire, mais d'opprobre et de malédiction. De toutes les constatations de l'heure actuelle, celle-là est encore la plus affligeante.

PROPOSITION DF LOI

Sur la naturalisation et sur la condition des étrangers, sur la condition des sociétés étrangères et les règles de nationalité concernant les sociétés françaises (1).

TITRE PREMIER. — DE LA NATURALISATION (2).

ARTICLE PREMIER. — L'article 8 n° 5 du Code civil est ainsi modifié :

Peuvent-être naturalisés : 1° Les étrangers qui ont obtenu l'autorisation de fixer leur domicile en France, conformément à l'article 13 ci-dessous, après dix ans de domicile en France à dater de l'enregistrement de leur demande au Ministère de la Justice (3); 2° Les étrangers qui peuvent justifier d'une résidence non interrompue pendant dix ans. Est assimilé à la résidence en France le séjour en pays étranger pour l'exercice d'une fonction conférée par le Gouvernement français.

Il est statué par décret sur la demande de naturalisation après une enquête sur la moralité de l'étranger ainsi que sur les diverses nationalités dont il a pu être précédemment investi. Cette enquête sera précédée de mesures de publicité que fixera un règlement d'administration publique, et les oppositions seront jugées par

(1) La proposition de loi qui suit et qui résume toute notre dissertation ne présente aucun mérite au point de vue de sa rédaction. Il n'est pour ainsi dire aucune incidente du texte qui ne demande à être remaniée. Mais la proposition a pour but de montrer qu'on peut, sans bouleverser notre législation du fond en comble, y introduire des modifications très importantes, conformément à la dissertation précédente, par des retouches assez peu nombreuses dans certains articles soit de nos codes, soit de nos lois.

(2) L'étude de la naturalisation n'a pas été entreprise dans la dissertation précédente, qui n'y a touché que d'une manière incidente. Elle a fait l'objet d'une communication de M. Valéry, professeur à la Faculté de Montpellier, à la *Société de législation comparée* (Cfr. *Bulletin*, 1917, n°s 4 à 6, avril-juin, pages 146 et suivantes). Au nombre des réformes recommandées par notre collègue, et auxquelles j'adhère en général, figure la suppression de la faveur qui permet aujourd'hui aux étrangers de réduire à un an le délai du domicile de naturalisation lorsqu'ils ont rendu à la France des services importants (?) ou ont introduit soit une industrie soit une invention utile (?). M. Valéry désire en outre que l'enquête à faire sur la moralité de l'étranger soit accompagnée de mesures de publicité provoquant au besoin des oppositions.

(3) Cette substitution du délai de dix ans à celui de trois ans serait un retour à la législation du 3 décembre 1849 qui avait été abrogée par la loi du 29 juin 1867.

l'autorité et suivant la forme que fixera ce même règlement. La naturalisation ne peut-être conférée qu'à une personne justifiant qu'elle ne conservera plus désormais sa nationalité originaire ni une nationalité quelconque autre que la nationalité française.

Art. 2. — L'article 3 de la loi du 26 juin 1889 est ainsi modifié :

L'étranger naturalisé ne jouira des droits politiques attachés à la qualité de citoyen français que dix ans après le décret de naturalisation, à moins qu'une loi spéciale n'abrège ce délai.

Art. 3. — L'article 13, al. 2, du Code cicil est ainsi modifié :

L'effet de l'autorisation cessera à l'expiration de douze ans, si l'étranger ne demande pas la naturalisation ou si la demande est rejetée.

TITRE II. — De la Condition des Étrangers.

Art. 4. — L'article 11 du Code civil est modifié ainsi qu'il suit :

L'étranger ne jouira en France que des droits privés qui seront accordés aux Français par les traités de la nation à laquelle cet étranger appartiendra.

Toutefois sont reconnus à tout étranger les droits suivants, et autres droits similaires, même sans l'existence d'un traité diplomatique : 1° Droit d'entrer, de résider temporairement en France pour les motifs et pour la durée à fixer par des règlements d'administration publique, à condition d'observer la teneur de ces règlements et de n'exercer aucune profession même temporaire, sous réserve du droit absolu appartenant au ministre de l'Intérieur d'expulser l'étranger par un arrêté spécial conformément à la loi du 3 décembre 1849; 2° Actes de trafic courant accomplis en France, notamment pour les besoins de son gîte ou de son alimentation ; droit d'ester en justice à l'occasion de ces actes ; 3° Droit de conclure depuis le pays étranger des actes civils ou commerciaux à distance, pourvu qu'ils ne le soient point par le ministère d'un agent ou d'un correspondant suivi ; 4° Droit d'invoquer la protection de la propriété mobilière tant corporelle qu'industrielle sur les biens qu'il peut avoir ou faire circuler en France ; 5° Droit de conclure un mariage ou un contrat de mariage et d'exercer la puissance maritale et paternelle.

En revanche, sont interdits à l'étranger, à moins de réciprocité diplomatique : 1° le pouvoir d'exercer une profession tant comme employeur que comme employé ; 2° le pouvoir d'acquérir ou de vendre des immeubles ou autres démembrements de la propriété foncière ; 3° le droit d'ouvrir, soit personnellement, soit par préposé ou par prête-nom, un fonds de commerce, d'industrie ou d'agriculture ; 4° le droit d'être propriétaire, gérant ou rédacteur en chef d'un journal.

ART. 5. — Est abrogée la loi du 14 juillet 1819, en tant qu'elle abrogeait elle-même les anciens articles 726 et 912 du Code civil. Ces deux textes sont en conséquence ainsi rétablis :

« ART. 726. — Un étranger n'est admis à succéder aux biens que son parent, étranger ou Français, possède dans le territoire de la République que dans les cas et de la manière dont un Français succède à son parent possédant des biens dans le pays de cet étranger, conformément aux dispositions de l'article 11 au titre *de la jouissance et de la propriété des droits civil*.

« ART. 912. — On ne pourra disposer au profit d'un étranger que dans le cas où cet étranger pourrait disposer au profit d'un Français.

TITRE III. — DE LA CONDITION DES SOCIÉTÉS ÉTRANGÈRES.

ART. 6. — La loi du 30 mai 1857 est modifiée ainsi qu'il suit :

Les sociétés étrangères, tant civiles que commerciales, tant par intérêts que par actions, ne jouiront en France que des droits civils qui seront accordés aux sociétés françaises similaires par les traités de la nation à laquelle ces sociétés appartiendront.

Exceptionnellement, les dites sociétés étrangères pourront accomplir depuis leur pays d'origine des actes civils ou commerciaux en France même en dehors de réciprocité diplomatique, pourvu qu'elles ne le fassent point par des agents ou par des correspondants suivis, et ester en justice à l'occasion de ces actes. Elle exerceront dans les mêmes conditions les droits de propriété corporelle ou industrielle en France sur les biens mobiliers qu'elles ont le droit de faire circuler chez nous.

[Dispositions transitoires sur le régime des sociétés étrangères déjà existantes et soumises à la loi du 30 mai 1857.]

TITRE IV. — DE LA NATIONALITÉ
CONCERNANT LES SOCIÉTÉS FRANÇAISES.

ART. 7. — L'article 1833 du Code civil est complété par les alinéas suivants :

Il doit appartenir à des Français plus de la moitié des parts sociales ou du capital de la société. Déclaration doit en être faite dans l'acte de société. Toute fausse déclaration est passible d'une amende de..... Sont réservés les articles 11 et 13 du Code civil. Toute société doit énoncer dans sa dénomination la nationalité à laquelle elle appartient, sous peine d'une amende de... en cas de fausse déclaration.

Art. 8. — Les articles 35 et 36 du Code de commerce sont ainsi modifiés :

L'article 35 est abrogé. L'article 36 est désormais ainsi conçu : « La propriété des actions doit être établie par une inscription sur les registres de la société. — Dans ce cas la cession s'opère par une déclaration de transfert inscrite sur les registres et signée de celui qui fait le transfert ou d'un fondé de pouvoir, ainsi que par une acceptation de transfert par l'acheteur inscrite sur les mêmes registres et mentionnant la nationalité du dit acheteur ».

Art. 9. — La loi du 24 juillet 1867, article premier, est ainsi complétée par les alinéas suivants :

La liste des souscripteurs ci-dessus doit contenir les noms, prénoms, qualités, *nationalité*, demeure, et le nombre d'actions de chacun d'eux.

La moitié plus une des actions au moins doit être souscrite par des Français. Le bulletin de souscription mentionne la nationalité de l'actionnaire ; toute déclaration mensongère est frappée d'une amende de ..... — Il y a présomption de nationalité française chez le souscripteur qui s'est déclaré Français lorsque le bulletin a été souscrit en France. — Sur la moitié plus une des actions ci-dessus visée peuvent être imputées les actions d'apport spécifiées dans l'article 4 ci-dessous, lorsque ces actions appartiennent à des Français. Le tout sous réserve des articles 11 et 13 du Code civil.

Art. 10. — L'article 3, première phrase de la loi du 24 juillet 1867 est modifié de la manière suivante : Les actions restent nominatives nonobstant toute clause contraire, même après leur entière libération.

Art. 11. — L'article 55 de la loi du 24 juillet 1867 est complété par l'alinéa suivant :

Lorsque la société est anonyme, la liste nominative des souscriptions et des versements doit être déposée de nouveau chaque année au greffe de la justice de paix et du tribunal de Commerce.

Art. 12. — Les lois de tout ordre, civiles, commerciales ou fiscales, qui autorisent les actions de sociétés à revêtir la forme au porteur ou qui visent cette forme au porteur sont abrogées ou déclarées désormais non avenues.

[Dispositions spéciales à voter sur le régime transitoire, à la teneur desquelles les réformes nouvelles ne seront pas opposables aux sociétés déjà existantes dont la majorité des parts n'appartiendrait pas d'ores et déjà à des Français, etc...]

TABLE DES MATIÈRES

TYP. A. DAVY

www.ingramcontent.com/pod-product-compliance
Lightning Source LLC
LaVergne TN
LVHW010402060726
842526LV00005B/1461